嬗變中的光影

現代中文文學研究論叢 III

張 堂 錡 著

現代文學研究叢刊
文史哲出版社印行

國家圖書館出版品預行編目資料

嬗變中的光影：現代中文文學研究論叢 III /
張堂錡著. -- 初版 -- 臺北市：文史哲,
民 97.12
　　面：　公分. -- (現代文學研究叢刊 ;35)
ISBN 978-957-549-823-8(平裝)

1.中國文學 – 現代（1900-　　）– 論文,
講詞等

820.98　　　　　　　　　　　　97016753

現代文學研究叢刊　35

嬗變中的光影
現代中文文學研究論叢 III

著　　者：張　　　堂　　　錡
出 版 者：文　史　哲　出　版　社
　　　　　http://www.lapen.com.tw
　　　　　e-mail：lapen@ms74.hinet.net
登記證字號：行政院新聞局版臺業字五三三七號
發 行 人：彭　　　正　　　雄
發 行 所：文　史　哲　出　版　社
印 刷 者：文　史　哲　出　版　社
　　　　　臺北市羅斯福路一段七十二巷四號
　　　　　郵政劃撥帳號：一六一八○一七五
　　　　　電話886-2-23511028・傳真886-2-23965656

實價新臺幣二四○元

中華民國九十七年（2008）十二月初版

自　序

　　這本書原以《從黃遵憲到白馬湖：近現代文學散論》之名於1996 年由正中書局印行，時隔十餘年，取回版權，交由文史哲出版社重新印行。對正中書局、特別是蔡文怡總編輯當年的玉成，在此深致謝忱。文史哲出版社曾為我出版過兩冊現代文學研究論叢的專書，現在又將這本書稿納入重新出版，彭社長長期以來的提攜之情，自當永銘於心，深誌不忘。

　　書中原有九篇文章，大多寫於九〇年代初期至中期，是我在《中央日報副刊》任職、同時在博士班攻讀學位階段的產物，先後發表於《中國現代文學理論季刊》、《國文天地》、《鵝湖月刊》、《中央日報副刊》等處，有的曾在學術研討會上宣讀過。此次重印，找出了當時發表於《中國現代文學理論季刊》上的一篇〈劉大白與白馬湖〉，因其性質與寫作時間相近，增補於此，而成十篇。本來想過做一些修改與增補，特別是原本在副刊上發表的文章並未加註腳，但在史料性的考量下，還是讓這些文章維持在當年的「水準」與樣貌吧。

　　九〇年代初期，我的學術興趣延續著碩士論文處理黃遵憲的思路，主要圍繞著近代領域打轉，清末民初的轉型過渡時期是非常精采的學術場域，其中的人物與思潮深深吸引著我，於是我一方面對黃遵憲持續研究，一方面注意到跨越近現代時期重要的社團「南社」，先後寫了兩篇相關的論文，也曾去世新大學探訪南社

在台灣的最後一位成員成舍我董事長，並到香港大學向負責國際南社學會事務的楊玉峰教授請教，當時曾經想要以南社研究作為博士學位的論文選題，但在 1995 年和大陸學者陳星去了一趟白馬湖之後，我的興趣轉移了，「白馬湖作家群」成為我最終博士論文的研究對象。就這樣，我從近代跨到了現代，學術視野與思路有了更長更深的連續性拓展。在現代文學的範疇下，我寫了關於胡適、周作人、周建人的文章，也發表了關於白馬湖的研究成果。一直到現在，即使我的學術趣味已悄悄地向大陸當代文學靠近，同時又注意到澳門文學與台灣客家文學等許多有趣的學術議題，但近現代領域始終是我不變的學術關懷。

從近代到現代，時代雖然在嬗變發展著，但國是如麻的動盪與危機感始終不曾消失，在這樣特殊的時代背景下，一批特殊的人物也應運而起，本書中觸及的黃遵憲、胡適、柳亞子、高旭、陳去病、鄭逸梅、周作人、周建人、劉大白、夏丏尊等，都曾在時代的召喚下走上歷史的舞台，扮演了不容忽視的角色。雖然時移勢轉，人物的出場與思潮的更迭快速而無情，他們僅能在時代長流中激起一些浮花浪蕊，但那嬗變中的光影畢竟曾經真實存在過，也輝映過文學史冊。從黃遵憲到白馬湖作家群，這些文人的身影與精神歷程，還是值得今人緬懷與仰望。我很慶幸在某一個生命階段，能與這些不平凡的心靈相會交通，並寫下這些不足以盡現其光芒的文稿。

九〇年代初期，正是我在學界和職場起步的階段，事多心煩總不可免，幸而論文指導老師李瑞騰教授諄諄教誨，以身教策勵示範，讓我順利完成論文的撰寫；中央日報副刊主編梅新，在工作崗位上讓我盡情揮灑，不加干涉，使我得以擴大學術視野與人

際網絡，受益終身；內人黃健群女士，辛勤持家，讓我無後顧之憂，能在學業與工作上全力衝刺，其功不可沒。正是在這些有形與無形力量的加持下，我才得以平順地度過那艱難的生命歷程。

面對過往，我只有心存感激。至於未來的路，還有很多重大關卡，不過，只要一想到許多師友家人的支持，我就不會覺得寂寞，即使是在深夜燈下孤獨地埋首書冊，也會有一種難言的幸福感圍繞身旁。這種幸福感比什麼都重要，它給了我力量，一種迎上前去的信心和勇氣。

2008 年 9 月寫於政大百年樓

嬗 變 中 的 光 影

現代中文文學研究論叢 III

目　　次

夏晨荷葉上的露珠

── 讀黃遵憲〈山歌〉九首

　　廣東民歌，是我國民間文學中極具特色的一支。清李調元〈粵風序〉說：「百粵軫翼楚分，雖僻處南陲，然而江山所鍾，風流所激，多有仿屈宋遺風，拾其芳草者焉。」其中又以廣州語系的《粵謳》與客家語系的「山歌」，最為人熟知。關於山歌的形成、特點，張元濟〈嶺南詩存跋〉中有生動的描述：

> 瑤峒月夜，男女隔嶺相唱和，興往情來，餘音嬝娜，猶存歌僊之遺風。一字千迴百折，哀屬而長，俗稱山歌。

　　晚清詩人黃遵憲的家鄉梅縣，正是誕生山歌的搖籃。清山秀水間，人們喜以山歌對唱來抒情達意的特殊民風，給他留下深刻的印象。在這樣的環境中耳濡目染成長，很自然地對其詩風會有所影響，《人境廬詩草》集中許多吟詠粵省及家鄉風土之作，無疑的，便是受到山歌薰陶下的產物，而他能在 21 歲時就提出「我手

寫我口」的主張，也可能在某種程度上受到這類民歌的啓發。第二年，他就以〈山歌〉爲名寫了九首歌詠愛情的通俗詩歌。

這些詞意簡單、語言通俗的小曲，十分生動地寫出男女之間的戀情和對幸福生活的渴望，雙關語、諧音的運用純熟而巧妙，與多用雙關隱語的〈子夜歌〉、〈讀曲歌〉近似，雅俗共賞，令人玩味無窮。

人人要結後生緣，儂只今生結目前。

一十二時不離別，郎行郎坐總隨肩。

這是組詩的第一首，寫兩人互相依靠、矢志不離的恩愛，親切感人。儂，原客語作「𠊎」，是山歌中常用的第一人稱代詞，黃遵憲爲使合於漢語規範，改成「儂」字。

買梨莫買蜂咬梨，心中有病沒人知。

因爲分梨故親切，誰知親切轉傷離。

和前首相同的是，「沒人知」原作「毛人知」，「毛」爲客家音，無也，黃遵憲也加以改寫。這首詩借物喻人，說明選擇對象要選心地善良的，不要徒有其表。分梨與分離，傷梨與傷離，親切與親手切，語語相關，耐人尋味。

催人出門雞亂啼，送人離別水東西。

挽水西流想無法，從今不養五更雞。

離人在雞啼聲中要出門，既然分離如同要將河水由東挽向西流一樣是沒辦法的，只好從此不養五更雞了。借物抒情，大有「打起黃鶯兒，莫教枝上啼」的意味，愛郎不捨之情表露無遺。

鄰家帶得書信歸，書中何字儂不知。

等儂親口問渠去，問他比儂誰瘦肥。

前兩句寫農婦不識字之苦，後兩句則以「瘦肥」概括了內心種種

思念，意象鮮明。詩中的「渠」字，是粵語方言，第三人稱代詞，今作「佢」。

> 一家女兒做新娘，十家女兒看鏡光。

> 街頭銅鼓聲生打，打著中心只說郎。

此詩微妙地道出了待嫁女兒的細膩感受，當街頭銅鼓聲響起時，恰似聲聲敲中思郎的心坎，毫不掩飾的自白，完全是民歌本色。「中心」即「衷心」，「郎」是狀聲詞「琅」的諧音。

> 嫁郎已嫁十三年，今日梳頭儂自憐。

> 記得初來同食乳，同在阿婆懷裏眠。

《嘉應州志》：「州俗婚嫁最早，有生僅匝月即抱養過門者，故童養媳為多。」這首詩即反映了客家人的風俗習慣與婚姻關係。藉著共食乳、同懷眠的經驗，企圖喚起情郎甜蜜的回憶。

> 自剪青絲打作條，親手送郎將紙包。

> 如果郎心止不住，看儂結髮不開交。

又是借物抒情的作法。蘇武詩云：「結髮為夫妻」，此處剪髮用紙包起送給心愛的人，剪送之間，表達了女子濃烈的深情，令人動容。

> 第一香櫞第二蓮，第三檳榔個個圓。

> 第四夫容五棗子，送郎都要得郎憐。

由這首詩中，不難得知梅縣客家人的婚姻習俗，「櫞」取因緣之意，「蓮」、「棗子」寓有「連子」、「早子」的祝福。前三句寫物，結尾才委婉說出心裏的真實願望，將女子嚮往愛情的心理活動描摩得淋漓盡致。

　　以上這九首山歌，是黃遵憲有心採風整理之作，從中可以概見客籍婦女對所愛之人的情深義重。這些來自民間、真實不做作

的歌聲，至今仍熱鬧地迴盪在嶺南的山頭溪尾間，儘管時光無情地向前推移，這項珍貴的民間文學遺產，始終不曾被人遺忘。

　　黃遵憲用這種體裁來進行創作，並不是一時興之所至，因爲直到他 44 歲在倫敦時，還續寫了六首。尤其是他在其後的題記中說：

> 十五國風妙絕古今，正以婦人女子矢口而成，使學士大夫操筆爲之，反不能爾，以人籟易爲，天籟難學也。余離家日久，鄉音漸忘，輯錄此歌謠，往往搜索枯腸，半日不成一字，因念彼岡頭溪尾，肩挑一擔，竟日往復，歌聲不歇者，何其才之大也。

這種對來自民間文學、口頭文學的認識和嚮往，正是我們古來優秀作家從民間文藝中吸取營養的傳統精神的繼承，雖然他還沒有認識到民歌在反映社會方面的積極作用，但基於如上的努力，他的詩裏早就具備了與社會緊密結合的基礎。

　　黃遵憲原計畫將民間山歌加以整理輯錄，並約胡曉岑等人共同彙選，然因「山歌每以方言設喻，或以作韻，苟不諳土俗，即不知其妙，筆之於書，殊不易耳。」所以他也僅改寫了十餘首而已。但這些爲數不多的山歌，正如鄭振鐸所說：「確是像夏晨荷葉上的露珠似的晶瑩可愛。」值得我們細細品賞。

論黃遵憲與胡適的詩歌改革態度

一

　　胡適是中國新詩的開山始祖。早在民國 4 年，他便經常和任叔永、梅覲莊等人為此事爭辯不休，最後引起了對新詩的嘗試。胡適的主張用白話作詩，遭到不少人的反對，從民國 5 年 7 月到 6 年 9 月這段期間，新詩的實驗室裡只有胡適一人[1]，而他的實驗成果，則是誕生了中國第一本新詩集《嘗試集》。

　　這部《嘗試集》的誕生，乃是白話文運動下的產物，而白話文運動的發生，照胡適的說法，是由於歷史的「偶然」所致。胡適於民國 41 年 12 月 8 日，在台北對「中國文藝協會」發表的一次演講中，談〈提倡白話文的起因〉，就不斷地強調這個運動初起時的「偶然性」，他說：

---

1 胡適在民國 5 年 8 月 21 日的留學日記中說：「我主張用白話作詩，友朋中很多反對的。」並在寫給朱經農的信中說：「白話乃是我一人所要辦的實地試驗。」見《胡適留學日記》（台北：遠流出版公司，1986）第 4 冊，頁 96。

> 白話文學運動的發起，完全是一件偶然的事件。[2]

而且，他還進一步解釋，民國 4 年夏天，他和幾個留學生一起去遊凱約嘉湖，因為天氣忽變，在登岸時有幾人的衣服被暴風雨打濕了。他指出：

> 這是一件小事，偶然的事，卻是中國文學革命、文字改革、提倡白話文字運動的來源。[3]

然後，他並將白話文運動的起因歸結到「五個偶然」。

假如，顧炎武在《日知錄‧詩體代降》中所言：「三百篇之不能不降而楚辭，楚辭之不能不降而漢魏，漢魏之不能不降而六朝，六朝之不能不降而唐者，勢也。」這「勢」指的是文學史發展的「必然」規律，則胡適提倡之白話文運動，其「偶然性」恐怕是超過其「必然性」的。用白話文取代文言，用長短、格律不拘的白話新詩取代五七言的絕句律詩，這是與中國千年以來的主流文學傳統的一刀兩斷。胡適在民國 8 年 10 月寫的〈談新詩〉中說：

> 中國近年的新詩運動可算得是一種「詩體的大解放」。[4]

民國 24 年，胡適在寫《中國新文學大系》的〈導言〉中更再三強調：

> 從文學史的趨勢上承認白話文學為「正宗」，這就是正式否認駢文古文律詩古詩是「正宗」。這是推翻向來的正統，重新建立中國文學史上的正統[5]

這種新／舊、活／死、白話／文言的刻意對立，正說明了胡

---

2 見《胡適演講集》第 1 冊（台北：遠流出版公司，《胡適作品集 24》），頁 227。
3 前揭書，頁 228。
4 見《文學改良芻議》（台北：遠流出版公司，《胡適作品集 3》），頁 181。
5 見於趙家璧主編《中國新文學大系》之《建設理論集》（台北：業強出版社，1990 年重印），頁 20。

適對自己「偶然的嘗試」，是深具信心，認為這才是文學史發展的「必然之勢」。

　　胡適不僅強調偶然性，還認為個人可以在歷史發展中扮演積極的角色，由於個人的努力，甚至可以改變歷史的發展。他曾引陸象山的話:「且道天地間有個朱元晦、陸子靜，便添得些子。無了後，便減得些子。」來對自己的「開山有功」[6]下註腳說:

> 白話文的局面，若沒有「胡適之、陳獨秀一班人」，至少也
> 得遲出現二、三十年。這是我們可以自信的。[7]

這說明了他肯定個人在歷史發展中可以扮演積極的角色。換言之，「時勢」固可造「英雄」，「英雄」也一樣可以造「時勢」。在這一點上，胡適對自己偶然的嘗試，所造成風起雲湧、影響深遠的「運動」與「革命」，可以說，是有著「前無古人」的自得與「替後代開條路」[8]的意興風發。

　　然而，或因自己對文學史發展規律的清楚認識，或因開山之初所遇橫逆險阻的力量實在太大，胡適在強調「偶然」與「個人」的同時，也不得不說，歷史的發展是有「大潮流」、「大方向」的[9]。他在提倡白話文運動時的小偶然之所以能發生大作用，正是因為小偶然的方向暗合於大潮流[10]。這種態度又顯示出，他所提倡的運動雖是偶然而興，卻非突然而生，它是「前有古人」的，是有

6　這句話見於胡適演講〈提倡白話文的起因〉中，他自言:「開山有功而創作
　　毫無成績」。同註 2，頁 233。
7　同註 5，頁 17。
8　同註 2，頁 232。
9　胡適在民國 36 年寫〈眼前世界文化的趨向〉一文，指出:「我們可以不必因
　　為中間起了這一個三十年的逆流，抹煞那三百年的民主大潮流、大方向。」
　　見於《我們必須選擇我們的方向》（台北:自由中國出版社，1950），頁 11。
10　見周質平:〈胡適與馮友蘭〉，《胡適叢論》（台北:三民書局，1992），頁 117。

其傳統的。

　　民國 17 年出版的《白話文學史》，正是胡適有意與傳統相接，尋找古人以為今用的著作。在這部書的〈引子〉中，他開宗明義就指出：

> 我為什麼要講白話文學史呢？第一，我要大家知道白話文學不是這三、四年來幾個人憑空捏造出來的；我要大家知道白話文學是有歷史的，是有很長又很光榮的歷史的。……我們現在研究這一、二千年的白話文學史，正是要我們明白這個歷史進化的趨勢。我們懂得了這段歷史，便可以知道我們現在參加的運動已經有了無數的前輩，無數的先鋒了。便可以知道我們現在的責任是要繼續那無數開路先鋒沒有做完的事業，要替他們修殘補闕，要替他們發揮光大。[11]

從這段自白中，胡適是希望自己能成為那「無數開路先鋒」之一，他的「開山」事業，只是替前人發揮光大而已。白話文學傳統其來有自，他不能與此傳統一刀兩斷，反而要繼續發揚。

　　緣於這一體認，他計畫從《詩經》中的〈國風〉開始，一路寫到民國的國語文學運動，以實際作家、作品的介紹，來宣揚其「白話文學史即是中國文學史」的理念。他把白話文學提升至文學史的主流地位，其目的其實是想為其理念尋找強而有力的靠山，陶潛、王梵志、寒山、杜甫、白居易，一一都在他的筆下成為白話運動的開路先鋒。

　　可惜的是，這部《白話文學史》只寫到唐朝，並未如其計畫

---

11 見胡適：《白話文學史》（台北：遠流出版公司，《胡適作品集 19》）上卷，第 1 編（唐以前），頁 13、14。

完成。唐之後的白話文學，我們無法詳細得知，只有簡略的大綱可供尋思而已。不過，胡適在民國 11 年為上海《申報》五十週年紀念所寫的〈五十年來中國之文學〉，倒可稍稍彌補此一遺憾。從清末到民初的文學發展概況與他個人的見解，在此文中都有清楚的描述。他除了一再指陳古文的由「強弩之末」到必然衰亡，是這五十年的一個很明顯的趨勢外，自然不會忘記在其中再找出一些「開路先鋒」來強化其論證 —— 黃遵憲的詩，梁啓超的散文，李伯元、吳趼人、劉鶚的小說，在他的心目中，是這五十年中國文學中最有價值的作品。

我們知道，胡適的「白話文」運動，起初並不是針對「文」而來，而是幾個留學生為了白話是否可以作「詩」的辯論而來，新詩集《嘗試集》便是因此而誕生。而胡適在文學方面，最具影響力的還是白話新詩的創作。作為中國第一本新詩集，胡適的嘗試的確是「自古無」[12]，他在新詩上的開山地位也的確是前無古人。

但是，仔細閱讀這部詩集，我們不得不說，除了少數幾首在形式上完全突破舊詩詞的限制，可算是卓然成立的新詩外，絕大部分還是半新不舊，未能完全脫盡舊詩詞的影響，不論是文字、詩題、技巧，在在都彷彿有古人在。這一點，以今日對新詩藝術的理解來看，不能不說是《嘗試集》的一大缺點；但以文學史發展的過程來看，我們恐怕得承認，這項缺點在某種程度上，幫了新詩運動推展的大忙。因為，這正顯示出，胡適的新詩是與舊的文學傳統相承接的，它沒有一刀兩斷，而是藕斷絲連。

---

12 見胡適〈嘗試篇〉中引陸放翁「嘗試成功自古無」句，《嘗試集》（台北：遠流出版公司，《胡適作品集 27》）第 1 編，頁 55。

胡適本人對此也知之甚深。他以「前無古人」來自許，卻又以「前有古人」來自衛，這種現象的確值得玩味。就以揭開白話文運動序幕的新詩來說，胡適除了在《白話文學史》中提到許多曾做過白話詩的作家外，他於《嘗試集》出版（1920 年 3 月）後的第二年所寫的〈五十年來中國之文學〉中，特別推崇清末詩人黃遵憲在新派詩上的鼓吹與嘗試，就格外具有深意，且用心良苦了。

二

胡適對黃遵憲設專節來加以介紹，並語多推崇，如前所述，並非偶然，而是有意的安排，照胡適自已的說法是：

> 黃遵憲是一個有意作新詩的，故我們單舉他來代表這一個時期。[13]

黃遵憲的「有意作新詩」，正好為同樣「有意作新詩」的胡適提供了一個去今未遠的正面典型。他肯花許多篇幅來一再說明黃詩的好處，說明了這位清末「詩界革命」的核心人物，其對詩歌改革的態度，是被胡適「引為同道」的。

我們知道，中國舊詩到了晚清，已經走到窮途末路，正如臧克家所言：「從中再也找不到古典優秀詩歌裡所具有的時代精神和人民性」[14]，雖然還有幾個苦心摹擬古人，專講聲調格律的詩人，其腐朽的內容，早和時代的要求脫離太遠，因此，夏曾佑、譚嗣同等人遂有「詩界革命」的志願，只不過，他們所作的「新詩」，

13　胡適：〈五十年來中國之文學〉，《五十年來中國之文學》（台北：遠流出版公司，《胡適作品集 8》），頁 94。
14　臧克家：《中國新詩選・導言》（北京：中國青年出版社，1956），頁 2。

只是「搨捙新名詞以自表異」[15]，在胡適看來，這種革命是失敗的。只有黃遵憲走得比較前面，他一面主張用俗話作詩 —— 所謂「我手寫我口」，一面試用新思想和新材料 —— 所謂「古人未有之物，未闢之境」入詩[16]。黃氏之嘗試，胡適認為「在詩界上放一點新光彩」[17]。正由於這一點新光彩，清末的「詩界革命」運動，雖然在某種意義上只能算作是新詩革命之前的一個短暫過渡，但對於民國7年的新詩運動，在觀念上，卻給予了一定的影響。

胡適舉了9首詩來說明黃遵憲詩的平民性、時代性，並藉此推崇黃氏作品是符合白話潮流的上品。例如黃遵憲〈山歌〉9首，他認為都是白話的，而且也都是民歌的上品。胡適也舉了〈都踊歌〉來肯定黃遵憲能賞識民間的白話文學，並推想其早年必受了家鄉山歌的感化。此外，胡適還認為，〈拜曾祖母李太夫人墓〉一詩，是黃氏《人境廬詩草》中最好的詩，因為這首詩確實能實行他的「我手寫我口，古豈能拘牽」的主張。在這些推崇中，事實上也正表現出胡適個人的文學觀與力求改革、宣揚白話的企圖心。

值得一提的是，黃遵憲雖然並未提出「白話文」一詞，但在近代文學史上，他應該算是較早的白話文理論先驅。黃遵憲在駐日期間，認真考察日本的語言文字，發現日本假名文字的優點，在於能夠讓語言與文字相結合，使一般人民易於吸收文化知識，而中國的語言與文字相差太遠，漢字難認難寫，人民學文化受教育較困難，因此，他認為必須要改革中國的文體和文字才行[18]。

15　梁啟超：《飲冰室詩話》（北京：人民文學出版社，1982），頁49。
16　胡適：〈五十年來中國之文學〉，《五十年來中國之文學》，頁96-100。
17　胡適：〈五十年來中國之文學〉，《五十年來中國之文學》，頁94。
18　黃遵憲《日本國志》卷33〈學術志二〉中提到：「考日本方言，不出四十七字中，此四十七字雖一字一音，又有音有字而無義，然以數字聯屬而成語，

　　黃遵憲在《日本國志・學術志二》的「文學總論」中指出，文、言的分合，會直接影響到社會的進步、文學的發展，因為「語言文字離，則通文者少；語言文字合，則通文者多」，使語言文字相合，才能有力地促使社會進步與文學發展。因此，他提議要創造一種「明白曉暢，務其達意」、「適用於今，通行於俗」的新文體，以便「令天下之農工商賈婦女幼稚，皆能通文字之用」，這可以說是黃遵憲對文字革新建立系統化理論的起步。[19]

　　到光緒 28 年（1902），黃遵憲在給嚴復的一封信中，明確地提出他自己設想的具體政革方案：「第一為造新字」，其方法有假借、附會、謎語、還音、兩合等；「第二為變文體」，其方法有跳行、托孤、最數、夾註、倒裝語、自問自答、附表附圖等[20]。其名為「變文體」，但在方法上只是符號變化、修辭運用而已，實際上範圍仍嫌狹隘，並未觸及到根本文體改變的核心。然而，不可否認的，黃遵憲這一思想的萌芽，對後來胡適等人的白話文運動是有一些幫助的。

　　從黃遵憲與嚴復、梁啟超等人的書信往來情形，不免令人聯想到不久後的胡適與梅覲莊、任叔永、陳獨秀書信往來的情形。胡適的提倡白話文，雖不能說是直接受到黃遵憲等人的影響，但黃氏的言論，在整個文學的改革的潮流中，是起了一些推波助瀾的作用。他們都重視文體、文字的改革，也都以詩歌（不論舊詩、

則一切方言統攝於是，而義自在其中。蓋語言文字合而為一，絕無障礙，是以用之便而行之廣也。」又言：「泰西論者，謂五部洲中，以中國文字為最古，學中國文字為最難，亦謂語言文字之不相合也。」（台北：文海出版社，1981），頁 813、815。

19 見拙著《黃遵憲及其詩研究》（台北：文史哲出版社，1991），頁 74。
20 見〈黃公度先生年譜〉光緒 28 年，收於錢仲聯《人境廬詩草箋注》之附錄。

新詩）表達了他們的看法及示範，而這些看法，仔細探討，也確實有其神似之處。

三

　　有關黃遵憲的詩歌主張，主要見於〈人境廬詩草自序〉（以下簡稱〈自序〉）、〈與周朗山論詩書〉、〈雜感〉、〈感懷〉詩，光緒年間給梁啟超、邱菽園的一些書信，和《黃遵憲與日本友人筆談遺稿》中的〈己卯筆話〉、〈庚辰筆話〉、〈山歌〉題記，以乃散見於潘飛聲《在山泉詩話》、黃遵楷《人境廬詩草跋》中的語錄等等。其中以光緒 17 年（1891）發表的〈自序〉一文最重要：

> ……雖然，僕嘗以為詩之外有事，詩之中有人；今之世異於古，今之人亦何必與古人同。嘗於胸中設一詩境：一曰，復古人比興之體；一曰，以單行之神，運排偶之體；一曰，取離騷樂府之神理而不襲其貌；一曰，用古文家伸縮離合之法以入詩。其取材也，自群經三史，逮於周、秦諸子之書，許、鄭諸家之注，凡事名物名切於今者，皆採取而假借之。其述事也，舉今日之官書會典方言俗諺，以及古人未有之物，未闢之境，耳目所歷，皆筆而書之。其鍊格也，自曹、鮑、陶、謝、李、杜、韓、蘇訖於晚近小家，不名一格，不專一體，要不失乎為我之詩。誠如是，未必遽躋古人，其亦足以自立矣了。……

這篇〈自序〉可以說是黃遵憲詩歌創作經驗的總結報告書，其中有其個人推陳出新的一套詩歌理論與創作指導方針。

　　至於胡適的詩歌主張，除了見於他的〈五十年來中國之文學〉，《嘗試集》之〈自序〉、〈再版自序〉、〈四版自序〉，〈談新詩〉，

〈談談「胡適之體」的詩〉，以及他替一些白話詩集寫的序言外，最重要的，恐怕還是他的〈文學改良芻議〉、〈建設的文學革命論〉等專論文學改革的篇章，這些篇章雖然非專為新詩而發，但其理論卻是新詩創作的指導原則，而新文學運動的展開是從新詩開始，因此從中可以看出胡適對詩歌的態度。尤其在〈文學改良芻議〉中所提出的「八不主義」，更是其作詩作文的基本主張：

> 一曰，須言之有物，二曰，不摹倣古人。三曰，須講求文法。四曰，不作無病之呻吟。五曰，務去爛調套語。六曰，不用典。七曰，不講對仗。八曰，不避俗字俗語。

黃、胡對詩歌的態度有其相同之處，亦有其根本的差異。以下首先分析兩人的相同看法，略歸成四點依序論述：

（一）文學進化，反對摹古

〈自序〉中言：「今之世異於古，今之人亦何必與古人同」、「古人未有之物、未闢之境，耳目所歷，皆筆而書之。」證明黃遵憲論詩，深明文學進化之理。一時代有一時代的詩歌，反對墨守成規，一味規襲古人。這種文學進化論，事實上早在他 21 歲（同治 7 年，1868）時就已產生，他寫的〈雜感〉詩中云：

> 俗儒好尊古，日日故紙研。六經字所無，不敢入詩篇。古人棄糟粕，見之口流涎。沿習甘剽盜，妄造叢罪愆。黃土同摶人，今古何愚賢？即今忽已古，斷自何代前？……我手寫我口，古豈能拘牽。即今流俗語，我若登簡編，五千年後人，驚為古斕斑。

黃遵憲的此一主張，正是「晚明公安文學主張的再現」[21]，他繼承了此一反擬古反形式主義的文學思潮，尖銳地嘲笑唯知承古人唾餘，在古人詩集夾縫裡找出路的詩歌，提出古今語言變遷和古今詩歌發展的觀點，並且正面揭示「我手寫我口」的主張，也就是要建立自己的獨特風格，抒發自己的真實情感。這首詩的主旨和〈自序〉所言是一脈相承的。

在〈與周朗山論詩書〉中，黃遵憲再次強調了此一主張，他說：

> 苟能即身之所遇、目之所見、耳之所聞，而筆之於詩，何必古人？我自有我之詩者在矣。……我已亡我，而吾心聲皆他人之聲，又烏有所謂詩者在耶[22]？

黃遵憲認為，詩之所以為詩，就在於它能反映「我」的「身之所遇、目之所見、耳之所聞」，也就是說，詩必須反映廣闊的社會生活，同時能夠真實地體現「我」的「心聲」，即體現「我」的思想、情感和願望。否則「我已亡我」，詩也就不成其為詩了。

胡適在〈文學改良芻議〉中，對「不摹倣古人」一條有如下的解說：

> 文學者，隨時代而變遷者也。一時代有一時代之文學：周秦有周秦之文學，漢魏有漢魏之文學，唐宋元明有唐宋元明之文學。此非吾一人之私言，乃文明進化之公理也。……唐人不當作商周之詩，宋人不當作相如、子雲之賦，── 即

---

21 簡恩定〈學古與創新 ── 黃遵憲《人境廬詩草》評議〉一文中，曾舉袁宏道〈雪濤閣集序〉及袁宗道〈論文上〉為例，指出黃遵憲所說的文學代變、古不必優於今的觀念並非創見，而是「晚明公安文學主張的再現」。（台北：淡江大學第二屆「社會與文化」學術研討會上發表論文）

22 見《嶺南學報》第 2 卷第 2 期。

令作之，亦必不工。逆天背時，違進化之跡，故不能工也。

因此，胡適反對「古勝於今」之說，認為只有「實寫今日社會之情狀，故能成真正文學。其他學這個，學那個之詩古文家，皆無文學之價值也。」

胡適後來把「八不主義」改成肯定語氣的四條，「不摹倣古人」一條改成了「要說我自己的話，別說別人的話」[23]。從黃遵憲的「我手我寫口」，到胡適的「不摹倣古人」，再到「要說我自己的話」，正表現出他們對文學發展現象的相同態度，即主張進化，反對摹古。

（二）言之有物，不無病呻吟

胡適認為「近世文學之大病，在於言之無物。」因此，他主張文學必須言之有物，他所謂「物」，包含了情感、思想二事[24]。他對有些文人斤斤於聲調字句之間，既無高遠之思想，又無真摯之情感，表示了強烈的不滿，而主張用「情」、「思」二者來補救。此外，他也反對傷春悲秋的無病呻吟，認為會導致讀者「短其志氣」，不思奮發有為。在面對國患時，他寧願文學家作馬志尼，也不要作屈原、賈生，這裡面傳達出他對詩的時代性非常重視，也表現出他的樂觀主義。

胡適在作詩時，有意的想表現出較明朗樂觀的格調，甚至於經常藉詩作來宣傳他的一些主張，他在詩中真正要傳達的，其實是他的思想，而不是感情。[25]朱自清曾對此評論說：

---

23 胡適：〈建設的文學革命論〉，《文學改良芻議》（台北：遠流版），頁57。
24 前揭書，頁6。
25 周質平〈讀胡適的《嘗試集》── 新詩的回顧與展望〉文中指出：「胡適詩

> 樂觀主義，舊詩中極罕見；胡適也許受了外來影響，但總
> 算是新境界；同調的卻只有康白情一人。[26]

當然，情、思二者，並不能截然分開。例如他的〈夢與詩〉中的一段：

> 醉過才知酒濃，
> 愛過才知情重：
> 你不能做我的詩，
> 正如我不能做你的夢。[27]

表而上看來是一首描繪愛情的無奈之作，其實真正的主題卻是在談「詩的經驗主義」。

又如〈人力車夫〉一詩，在技巧上沒有什麼特殊表現，只是平實地紀錄下乘客與車夫的問答，但在平凡的語言下，卻是滿盈的同情與強烈的人道精神。尤其在詩的前言中寫道：「警察法令，十八歲以下，五十歲以上，皆不得為人力車夫。」更直接揭發了此一悲慘的社會現實。

胡適的態度非常明顯，不論情、思，都必須要有感而發，而不可無病呻吟，只有緊扣現實，反映時代，才是言之有物。這一點，黃遵憲比起胡適是猶有過之而無不及。

中一樣有『霜濃欺日薄』、『淚向心頭落』這一類消極悲觀的喟嘆；但我們可以很明顯的看出，他是有意的要避免這類感情，而把他的詩導向一個較為明朗樂觀的方向。他在民國八年所作的〈樂觀〉與〈上山〉兩首，就是這種心境最佳的剖白。這種詩一方面固然有一種激揚奮勵的正面意義；但在另一方面卻也讓我們感到：胡適連作詩的時候都不放過宣傳主義的機會。他在詩中所要表達的，往往是他的思想，而不是感情。」見《胡適與魯迅》（台北：時報出版公司，1988），頁107-108。
26 朱自清：〈詩集導言〉，見趙家璧主編《中國新文學大系》第8冊，頁1。
27 胡適：《嘗試集》（台北：遠流版），頁150-151。

　　黃遵憲在〈自序〉中有言:「詩之外有事,詩之中有人。」這「事」,指的是現實的社會情狀;而「人」,是指作者有自己的思想、情感,有自己的批判觀點,不流於人云亦云。黃詩的特色與成就,主要即在於其時代性。他自中年以後,詩作多述外邦山川政俗或華僑社會史事,至晚歲的感事傷時作,有關中日甲午戰爭、戊戌政變及庚子辛丑義和團與聯軍諸役,尤多描繪,隱然爲晚清一代詩史[28]。甲午前後政治社會上的種種實情,都收在他的詩裡。如〈悲平壤〉、〈東溝行〉、〈哀旅順〉、〈馬關紀事〉、〈降將軍歌〉、〈台灣行〉等作,都是歷史的詩,字裡行間,洋溢著愛國的思想情感,而具有真實的歷史內容。

　　黃遵憲的理論與創作,可以說完全符合了胡適的要求 —— 要有話說,方才說話;有什麼話,說什麼話。既不無病呻吟,又能言之有物,黃遵憲的詩正好提供了胡適主張的一個正面典型。

(三) 不講對仗,作詩如作文

　　胡適於民國 4 年寄給任叔永等人的詩中,曾明白說到:「詩國革命何自始,要須作詩如作文。」[29]他說這是「詩界革命的方法」。所謂「作詩如作文」,它的精義還在一個「通」字。因爲要「通」,所以他主張作詩要「明白清楚」,凡是好詩沒有不是明白清楚的。李義山的詩「苦恨無人作鄭箋」,在他看來,都不是好詩,只是笨謎而已。他說:

　　　一首詩儘可以有寄託,但除了寄託之外,還需要成一首明

---

28 如梁啓超《飲冰室詩話》稱他:「公度之詩,詩史也。」;錢仲聯《夢苕盦詩話》說:「編詩之起訖如此,蓋隱以詩史自居。」
29 胡適:《嘗試集·自序》(台北:遠流版),頁 21。

白清楚的詩。意旨不嫌深遠，而言語必須明白清楚。……
「胡適之體」的第一條戒律是要人看得懂。[30]

因為要求通，就必須「話怎麼說，就怎麼說」，對於那些枉費有用之精力於「微細纖巧之末」── 排偶、對仗等的「文學末流」，他不以為然，認為「駢文律詩乃真小道耳」[31]。

胡適的此一主張，在後來寫〈五十年來中國之文學〉中有更清楚的說明。他用來詮釋此一主張的例子，正是黃遵憲的詩作。他稱讚黃氏的作品：

> 如他的〈降將軍歌〉、〈度遼將軍歌〉、〈轟將軍歌〉、〈逐客篇〉、〈番客篇〉……都是用做文章的法子來做的。這種詩的長處在於條理清楚，敘述分明。做詩與做文都應該從這一點下手：先做到一個「通」字，然後可希望做到一個「好」字。古來的大家，沒有一個不是這樣的；古來決沒有一首不通的好詩，也沒有一首看不懂的好詩。金和與黃遵憲的詩的好處就在他們都是先求「通」，先求達意，先求懂得。[32]

因此，胡適認為黃遵憲在「以古文家抑揚變化之法作古詩」的方面，成績最大。[33]

黃遵憲在〈自序〉中特別指出「用古文家伸縮離合之法以入詩」一法，足見其重視程度及刻意取法。這種寫作方法的被強調，當與其時代複雜有關，由於他所處的時代，現實生活的內容已較

---

30 胡適：〈談談「胡適之體」的詩〉，《嘗試集》（台北：遠流版），頁69。
31 胡適：《文學改良芻議》（台北：遠流版），頁16。
32 胡適：〈五十年來中國之文學〉，《五十年來中國之文學》（台北：遠流版），頁100。
33 前揭書，頁99。

過去大爲豐富，爲了應付層出不窮的題材變化，他採取了作文之
「伸縮離合」法來應變。雖然這種寫作方法不是他的創見，但歷
來像他這樣有意且大量運用者，並不多見。所以近人錢仲聯稱揚
他：

> 從《史記》到周、秦、諸子和歷代散文的寫作技巧，他盡
> 量取精用宏地移植到詩歌中來，這就大大擴展了詩歌表達
> 的功能，有利於反映當時比較複雜的現實內容。[34]

在《嘗試集・自序》中，胡適說：「若要做真正的白話詩，若要充
分採用白話的字，白話的文法，和白話的自然音節，非做長短不
一的白話詩不可。這種主張，可叫做『詩體的大解放』。」這裡的
「長短不一」，正是要把從前一切束縛自由的枷鎖鐐銬，一起打
破。而不講對仗、作詩如作文，正是打破束縛的方法之一。

　　從黃遵憲到胡適，「作詩如作文」的程度更爲深化，而排偶、
駢律、對仗等束縛，也得到了更進一步的解放。我們固難以說明
胡適的態度受了黃遵憲的影響，但二人的「所見略同」應是不容
否認的。

（四）重視白話，不避俗語

　　胡適的重視白話，在他的《白話文學史》之〈引子〉中有極
清楚的表白，他認爲：

> 白話文學史就是中國文學史的中心部分。中國文學史若去
> 掉了白話文學的進化史，就不成中國文學史了，只可叫做
> 「古文傳統史」罷了。……「古文傳統史」乃是模倣的文

---

34 錢仲聯：《人境廬詩草箋注》之〈前言〉。

學史，乃是死文學的歷史；我們講的白話文學史乃是創造
的文學史，乃是活文學的歷史。[35]

正因為他認為白話文學是中國文學的正宗，是活文學，因此，他
在「八不主義」中才有「不避俗語俗字」一條，主張「是什麼時
代的人，說什麼時代的話」。他明確地要求：

吾主張今日作文作詩，宜採用俗語俗字。與其用三千年前
之死字，不如用二十世紀之活字；與其作不能行遠不能普
及之秦漢六朝文字，不如作家喻戶曉之《水滸》、《西遊》
文字也。[36]

這種不避俗語的態度，正好與黃遵憲相同。黃遵憲在 21 歲時寫的
〈雜感〉詩，胡適認為是「詩界革命的一種宣言」[37]，尤其是詩的
末六句：「我手寫我口，古豈能拘牽？如今流俗語，我若登簡編，
五千年後人，驚為古斕斑。」胡適認為這正是「主張用俗語作詩」。
也因此，他對黃遵憲在提出「我手寫我口」的第二年所寫的九首
〈山歌〉，表示了極大的欣賞，認為這全是白話的，全是民歌的上
品。

　　黃遵憲的這種態度並非一時興之所致，因為直到他 44 歲在倫
敦時，還續寫了六首。尤其是他在其後的題記中說：

十五國風妙絕古今，正以婦人女子矢口而成，使學士大夫
操筆為之，反不能爾，以人籟易為，天籟難學也。余離家
日久，鄉音漸忘，輯錄此歌謠，往往搜索枯腸，半日不成
一字，因念彼岡頭溪尾，肩挑一擔，竟日往復，歌聲不歇

---

35 胡適：《白話文學史》（台北：遠流版），頁 14。
36 胡適：《文學改良芻議》（台北：遠流版），頁 17-18。
37 胡適：〈五十年來中國之文學〉，《五十年來中國之文學》（台北：遠流版），
　　頁 96。

者，何其才之大也。[38]

　　他把山歌與中國偉大的文學作品相提並論，這種不避俗語的大膽表現，正如胡適以施耐庵、曹雪芹、吳趼人爲文學正宗一般，是有其獨特的文學見解的。

　　黃遵憲不僅熱愛其家鄉梅縣的山歌，也喜愛日本的民歌，所以他在擔任駐日使館參贊時便寫了〈都踊歌〉一類清新樸質的作品。胡適對他「能賞識民間的白話文學」[39]，給予肯定，因爲這些民間文學，就是不避流俗的最佳白話文學。

　　當然，如果純就文學史的角度來看，黃遵憲這種重視民間文學的主張並非創見，但是若從晚清詩歌改良的意義上看，他的主張是難能可貴的。由於黃遵憲及當時一些有志之士在這方面的加以鼓吹與創作，蔚成一股隱然躍動的氣勢，相信這種環境的醞釀，對於胡適的提倡「白話詩」，應有很大的鼓勵。[40]

　　從以上的敘述中，我們不難了解黃遵憲在中國文學發展史上的過渡性角色，胡適在這些「開路先鋒」所奠定的基礎上，「有意的加上了一鞭」[41]，使得新詩提早誕生，讓文學史的潮流步上了白話文學的汪洋大海中。這一鞭，使胡適站上了文學改革的潮頭，但是，我們也不能忘了在詩歌改革的態度上和他「神似」、發揮推波助瀾作用的黃遵憲。

四

38　羅香林藏黃遵憲手寫本〈山歌〉，詩後有題記 5 則，此爲第 1 則。

39　胡適：〈五十年來中國之文學〉，《五十年來中國之文學》（台北：遠流版），頁 99。

40　見拙著《黃遵憲及其詩研究》，頁 98。

41　胡適：《白話文學史》（台北：遠流版），頁 16。

　　做為傳統士紳的黃遵憲，和接受西方教育的「新青年」胡適，雖然在詩歌態度上有這些暗合之處，甚至於 —— 有趣的是，黃遵憲曾任駐美國舊金山總領事，而胡適也擔任過駐美大使但不容否認的，兩人由於時代的局限性與思想的著力點不同，而在「神似」之外，也存在著許多根本的差異。

　　最根本的差異，是在詩歌形式的改革上所造成的新／舊對比。換言之，黃遵憲的「體制內改革」，固然對胡適的「體制改革」起了鼓舞、催化作用，但同時也顯現出兩種不同態度所衍生的文學看法歧異。一為改良，一為革命，兩人雖可並肩共行一段路程，但終究不能殊途同歸。胡適終究比黃遵憲更進一步，觸及到了詩體解放的根本核心。

　　黃遵憲和梁啟超一樣，都是改良主義者，他們對詩界「革命」的定義，只是「革其精神，非革其形式」[42]。黃遵憲之所以備受梁氏推崇，是因他的詩「能鎔鑄新理想以入舊風格」[43]。所謂「新理想」，是指題材、語言及意境三者的融合創新，而「舊風格」，則是指傳統詩歌格律、形式的繼承遵循[44]。換言之，黃梁等人所主張的，是要通過舊形式來表現新的生活內容和新的思想情感。基本上，這是一場不徹底的詩歌改良運動。我們可以說，黃遵憲

42　梁啟超：《飲冰室詩話》（北京：人民文學出版社，1982），頁51。

43　前揭書，頁2。

44　關於「新理想」、「舊風格」的解釋，梁啟超在〈夏威夷遊記〉中曾云：「欲為詩界之哥倫布、瑪賽郎，不可不備三長：第一要新意境，第二要新語句，而又須以古人之風格入之，然後成其為詩。」葉朗在《中國美學的巨擘》第五章〈梁啟超的美學〉中說：「所謂『舊風格』，是指用中國古典詩詞的體裁格律；所謂『新意境』，是指表現改良主義與愛國主義的思想內容。」此外，李瑞騰在《晚清文學思想之研究》中也指出：「『新理想』係指內容題材的處理上特具一種合乎時代需求的創新意圖……而所謂『舊風格』當然是指過去舊有的詩之形式 —— 五七言的古近體。」以上三說均可參閱。

是「舊瓶裝新酒」的實踐者,而非「新瓶裝新酒」的提倡者。

　　胡適、陳獨秀等人則不同,他們的文學改革是要徹底地與「古文傳統」割裂,是以用白話寫詩來顛覆過去二千年「沒有價值的死文學」,是文體、文學的根本政變,因此,與辛亥革命的推翻滿清舊政體一樣,胡適在他的〈談新詩〉中,把文學革命運動以來出現的詩體的解放,白話新詩的登上文壇,看作是「辛亥大革命以來的一件大事」[45]。

　　有趣的是,黃遵憲所提倡的「詩界革命」,雖名曰「革命」,實則只是改良;而胡適的〈文學改良芻議〉,雖名為「改良」,其實已是革命。這一前一後的延續推衍,把中國文學的發展推向了一個新的境界。和胡適相比,黃遵憲的「革命」目標未免狹窄,成果也相對有限,但不可否認的,他雖未全面地打破具有長遠傳統的古典詩厚殼,但卻已為未來的白話詩準備了出生的土壤。胡適等人在因緣際會的「偶然」下,有意識地在前人的基礎上,向前再邁進了一大步,因而獲致了重大的成果。

　　由於兩人在文體形式看法上的根本差異,自然在一些枝節的表現上也會有所出入。以胡適大力鼓吹的「不用典」來說,黃遵憲雖然也對清末數典摹古的詩風不滿,但是,仔細檢視一部《人境廬詩草》,像〈五禽言〉那樣明白易曉、不用典的詩篇並不多。針對此點,鄭子瑜先生曾指出:

> 這是因為積習已久,未能盡除,黃遵憲也難免有此毛病。……再如胡適提倡白話文,但他那篇〈文學改良芻議〉仍是用文言文寫的。[46]

---

45 胡適:《文學改良芻議》(台北:遠流版),頁180。
46 鄭子瑜:〈五四新文化運動的先驅者黃遵憲〉,收於李錚、蔣忠新主編《季羨

黃遵憲在典故的選取運用上頗費心機，尤其是與丘逢甲的往復八次步韻唱和，更陷入了用典屬對、咬文嚼字的窠臼。黃氏在晚年寫給新加坡詩人丘菽園的信中也承認說：「少日喜爲詩，謬有別創詩界之論，然才力薄弱，終不克自踐其言。」[47]就這一點而言，恐怕算是他詩界革新努力上一點小小的缺陷。

以「不用典」來說，胡適在《嘗試集》、《嘗試後集》的作品大致上做到了這一要求。然而，在《嘗試集》中，胡適有不少新詩是從舊詩詞中脫胎而來，胡適自己並不喜歡這些作品，認爲是「刷洗過的舊詩」，「脫不了詞曲的氣味與聲調」[48]在詩的句法上，他使用的仍舊是五七言的句法，在音節上同樣也受到舊詩聲韻的影響。雖然他後來也發現到這點，並且有所修正，但其在新／舊詩交替的過程中所扮演的過渡性角色，於此亦可窺見。

胡適與黃遵憲除了在詩歌的形式上採取不同的態度外，如果我們檢視其作品，當會發現他們兩人在詩的內容表現上也大異其趣。

《嘗試集》中除了少部分有積極反映社會現實，刻劃時代動盪之外，大部分作品仍偏向個人生活的感懷，「多是一些個人的小感觸、小志趣、小悲哀、小歡喜。」[49]例如以表現遊山玩水之閒情逸致的〈中秋〉、〈江上〉、〈百字令〉、〈西湖〉、〈八月四夜〉、〈蔚藍的天上〉等；如以愛情、閨情爲主的〈如夢令〉、〈別離〉、〈應該〉、〈一念〉等；如描寫自然風物的〈鴿子〉、〈一顆星兒〉、〈湖

林教授八十華誕紀念論文集》（南昌：江西人民出版社，1991），頁 502。
47 同註 20。
48 胡適：《嘗試集‧再版自序》（台北：遠流版），頁 35。
49 周曉明：〈重新評價胡適《嘗試集》〉，收於陳金淦編《胡適研究資料》（北京：十月文藝出版 社，1989），頁 492。

上〉、〈看花〉、〈夜坐〉等。這些題材皆平凡無奇，往往容易流於個人情緒的抒發，雖然透過這些作品，我們可以看到胡適比較生活化的一面，但在那動盪的時代中，這類作品恐怕與其自我期許的「不無病呻吟」有著些許的距離。

尤其令人不解的，是他留美七年的漫長生活中，竟沒有一篇作品反映了當時華僑在美的血淚辛酸，那些華工的悲慘境遇，和他的留美生涯中，似乎沒有留下一鱗半爪的痕跡。和胡適的七年相比，黃遵憲在美國擔任舊金山總領事的三年半時間，則透過其一些詩作，反映了華人所受的無理虐待，抨擊了美國之無理背信以及清政府的懦弱無能，例如長詩〈逐客篇〉、〈紀事〉等即是。

當然，在《嘗試集》中也有如〈贈朱經農〉、〈沁園春〉等讚美俄國革命和為辛亥革命犧牲的人物的詩作，但和黃遵憲「上感國變，中傷種族，下哀民生」[50]的詩風相比，兩人在題材選取與內容呈現上，確實有其殊異之處。胡適作過不少情詩，如〈病中得冬秀書〉、〈如夢令〉、〈新婚雜詩〉等，而黃遵憲在《人境廬詩草》中，除了〈又寄內子〉、〈九姓漁船曲〉這少數幾首描寫男女之情外，他是絕少提筆創作此類詩篇。

胡適在詩中之所以不像黃遵憲那麼積極反映時局世事，主要的原因是：他把文字的這份功能保留給了散文，在胡適的心中，詩、文的功用是有別的，他雖然極力推崇白居易的新樂府，但胡適自己是不作新樂府的，而黃遵憲則走上了《白氏長慶集》新樂府的道路。

換言之，胡適雖一再提倡「作詩如作文」，這只是就形式而言，

---

50 康有為：〈人境廬詩草序〉。

這在他早年《競業旬報》上的文字尤其明顯,「文」是寫給「老百姓」看的,要起「教化」的作用,而詩則是為「我輩」所寫,言情抒感足矣。就這一點「詩」、「文」有別而言,胡適毋寧比黃遵憲還更保守。[51]翻開胡適的留學日記,有關美國政治、世界局勢,或者是中國政情的記載極多,他對時局世事的關心並不下於黃遵憲,但是以詩為媒介的《嘗試集》卻甚少有這方面的反映,這一點也是胡、黃二人在詩歌態度上的不同處。

此外,同為詩歌改革的鼓吹者,兩人不免都有一些論述文學的詩作,以闡釋或發揮自己的文學觀。黃遵憲的〈雜感〉、〈感懷〉即屬此類作品。而胡適在這方面的作品較多,例如〈嘗試篇〉、〈文學篇〉、〈藝術〉等,都反映了胡適的某些文學觀點,連〈夢與詩〉都是他「詩的經驗主義」的自剖,足見他是有意且大量地在這方面著力表現。從改良到革命,這些討論文學詩篇的增加,正好提供了一個觀察文學發展的線索。

<h1 style="text-align:center">五</h1>

從以上的敘述中,我們可以對胡適與黃遵憲的詩歌態度得到以下的幾點結論:

首先,胡適的白話詩運動雖然「開風氣之先」,但並不是石破天驚的突然之舉,在「前有古人」的基礎上,他透過有意的創作與理論的鼓吹,使他成為整個新文學運動的中心人物。由於他的努力,白話詩才能耀眼地登上新文學的舞台。雖然,在前人的作品中 —— 例如黃遵憲,也可看出與其理論神似的影子,但從其造

---

51 這一段意見,主要是依據周質平教授對筆者論文批閱時的眉批。

成的深遠影響與他在這場運動中所發揮的巨大作用而言，他的成就是超越古人的。

　　黃遵憲身處清末俗儒擬古摹古的風潮下，能意識到作者個性的重要與對白話俗語的重視，亦可看出他在文學思想上進步的一面。他與胡適都有意對詩歌加以革新，也都嘗試藉創作來印證自己的想法，只不過，客觀條件的局限，使黃遵憲走到「改良」一途，即戛然而止，未再向前，而胡適則在對舊形式的質疑下，步上了「革命」之路。

　　不過，在胡適「革命性」的主張之下，作為第一部白話詩集的《嘗試集》，仍只是表現出其「過渡性」的色彩，正如胡適自言：

> 我現在回頭看我這五年來的詩，很像一個纏過腳後來放大了的婦人回頭看她一年一年的放腳鞋樣，雖然一年放大一年，年年的鞋樣上總還帶著纏腳時代的血腥氣。[52]

《嘗試集》確實存在著這個缺陷，「有提倡之功，而無創作之力」等就成了最常見的批評。然而，作為歷史上第一個敢放腳的女人，作為現代文學史上第一部新詩集，胡適的努力與《嘗試集》的價值是應該被肯定的。以今之文學批評標準來衡估六、七十年前的作品，其不盡人意，自屬必然，但誠如陳子展所言：「《嘗試集》的真價值，不在建立新詩的軌範，不在與人以陶醉於其欣賞裡的快感，而在與人以放膽創造的勇氣。」[53]從文學發展的角度來看，胡適那些粗淺的詩卻正是一個新紀元的里程碑。

　　黃遵憲與胡適，雖然由於時代的局限與個人客觀條件的差異，而在詩歌的內容、題材上各有所偏，對於詩歌改革幅度的看

---

52 胡適：《嘗試集·自序》（台北：遠流版），頁 47。
53 陳子展：《最近三十年中國文學史》，頁 227。

法也不相同，但我們可以看出，他們二人在重視白話，不避流俗，反對摹古，不無病呻吟，以文作詩，力求詩歌表現有更大空間的努力上，是所見略同的。

　　胡適一再說他的提倡白話文學是「偶然」，但是，看看從晚明公安派到晚清的黃遵憲、梁啓超，再到胡適、陳獨秀這一條不絕如縷的文學發展道路，以及其中環環相扣，推波助瀾的複雜文學現象，我們不得不說，這豈是一句「偶然」了得！

黃遵憲晚期詩歌態度改變問題之探討

一

　　在近代中國的文學發展史上，黃遵憲的詩作以其反映現實、紀錄歷史，而被稱為「詩史」，加上他在語言上不避流俗，強調「我手寫我口，古豈能拘牽」，又以新名詞入詩，甚至創作山歌，長久以來，他的文學地位一直受到高度的肯定。如劉大杰《中國文學發展史》即認為「真能反映當代政治社會面貌而可作為新派詩的代表的是黃遵憲」，將他與鄭珍、金和視為晚清詩歌的代表；梁啟超《飲冰室詩話》則說：「公度之詩，獨闢境界，卓然自立於 20 世紀詩界中，群推為大家，公論不容諛也。」南社詩人高旭的《願無盡廬詩話》也稱讚他：「黃公度詩獨闢異境，不愧中國詩界之哥倫布矣。近世洵無第二人。」提倡白話詩的胡適在其《五十年來中國之文學》中，對黃遵憲依然予以肯定，他說：「在韻文方面……

確曾有幾個人在詩界上放一點新光彩，黃遵憲與康有爲兩個人的成績最大。但這兩個人之中，黃遵憲是一個有意作新詩的，故我們單舉他來代表這個時期。」可見黃遵憲的詩歌表現與主張，不論在當時或後來，都得到甚高的評價。

　　黃遵憲的詩歌主張，除了見於〈與周朗山論詩書〉、〈雜感〉、〈感懷〉詩，以及光緒年間給梁啓超、邱菽園的信件等外，最主要的還是他於光緒 17 年（1891）所寫的《人境廬詩草‧自序》（以下簡稱〈自序〉）。這篇〈自序〉可以說是他詩歌創作經驗的總結報告書，其中提到了幾項他對詩歌的看法，例如說：「今之世異於古，今之人亦何必與古人同」、「古人未有之物，未闢之境，耳目所歷，皆筆而書之」，證明黃遵憲論詩，深明文學進化之理，反對墨守成規，一味規襲古人；又如他說：「詩之外有事，詩之中有人」，這「事」指的是現實的社會情狀，這「人」指的是作者有自己的批判觀點，不流於人云亦云。黃遵憲認爲，詩之所以爲詩，就在於它能反映「我」的「身之所遇、目之所見、耳之所聞」，否則「我已亡我，而吾心聲皆他人之聲」，詩也就不成其爲詩了。

　　正因爲在文學上主張進化，所以他才會對晚清復古、擬古的風氣大加撻伐，但是，他雖然反對擬古、復古，卻認爲學古仍有其必要，因爲學古是創新的重要門徑。因此，他在序中提到了幾項作詩之法，如復古人比興之體、以單行之神運排偶之體、取離騷樂府之神理而不襲其貌、用古文家伸縮離合之法以入詩等，這都是他對古人長處的有所選擇，而他在詩歌創作中也的確能予以實踐。正因爲他能洞悉文學進化的藝術規律，且擷取古人長處，求新求變，所以他的詩才能在晚清瀰漫復古雲霧的詩壇上獨樹一幟，大放異彩。他的詩之所以能在文學史上佔一席之地，除了在

內容上能正視社會現實、反映歷史及時代面貌外,他有理論、方法,而且能以作品做適切詮釋的文學表現也是原因之一。

二

按理說,黃遵憲的詩歌主張既如此明確,則將他的作品與其文學態度相映證,應可得出一致的結論才對。事實上也的確如此。上述幾項革新詩境之法,他都落實到他的詩歌創作中。少年主張的「我手寫我口」也都有具體的作品來彰顯。因此,後世研究者大多對其〈自序〉中的自白抱持肯定態度,認為他的作品是在這種思想指導下的產物,如吳天任、鄭子瑜、李小松、曹旭、錢仲聯等均是,而且大都對其富實驗性的文學表現,以及在文學向前發展的階段性成就、過渡性角色給予肯定。然而,也有一些人對其詩歌主張不以為然,認為黃遵憲的諸多看法其實皆屬舊法,乃同光體之蹊徑,而非黃遵憲之創說,後人以其〈自序〉所言加以論譽,實乃大謬,如龔鵬程在《近代思想史散論·論晚清詩》(東大圖書公司,1991年)即抱持這種態度。他說:

> 若伸縮離合等,概為語言形式及名物度數,言詩而津津以此為務,寧非捨本而逐末?如散原海藏,甚至湘綺一叟之為詩,未嘗不用此等法,然其勃鬱情深之情,芬芳馨雅之懷,又豈僅所謂運單行於排偶、用伸縮離合之法,寫眼前名物耶?公度以此言詩,適可以見其尚不知詩,而世乃據此以論譽之,謬哉!(頁198)

龔氏之說,若僅以〈自序〉中這一段所言來作此論斷,大致不差。但問題在於,黃氏的〈自序〉中對詩歌主張的意見並不僅此,這只是他在追求「詩境」時所採用的一些寫作技巧而已,誠如龔氏

所言,是「形式」罷了,若以此來概括黃遵憲的詩歌表現,確是
謬矣。事實上,黃氏說「復」古人比興之體,用「古文家」伸縮
離合之法以入詩等,俱已自言是「學古」而非「創新」,正如上述
所言,他對古人的長處是有選擇地學習。除此之外,在〈自序〉
中,黃氏還有以下許多不是「形式」上的看法,他說:

> 其取材也,自群經三史,逮於周、秦諸子之書,許、鄭諸
> 家之注,凡事名物名切於今者,皆採取而假借之。其述事
> 也,舉今日之官書會典方言俗諺,以及古人未有之物,未
> 闢之境,耳目所歷,皆筆而書之。其鍊格也,自曹、鮑、
> 陶、謝、李、杜、韓、蘇訖於晚近小家,不名一格,不專
> 一體,要不失乎為我之詩。

由此可知,他對詩的內容、文體、風格等,都有其一定的認知,
而且以此自勉。當然,正如龔氏所言,這並非他「自闢詩界之創
說」,然若僅斷章取義而指其「不知詩」,恐怕也有待商榷。

　　龔氏在得此結論之前,有一更重要的前提,他認為〈自序〉
乃「光緒十七年辛卯六月,四十四歲時之說,後並不載於集中,
蓋宗旨已變也。吳雨僧搜求而得,錄於《學衡雜誌》中,世遂據
此以論黃氏之自創詩界。」換言之,他認為黃遵憲晚年編定《人
境廬詩草》時,對這篇寫於倫敦的序言已不認同,而刻意不將它
收於詩集中,這「集中未見」,正是他「宗旨已變」的最佳證據。
我們今天看到的《人境廬詩草》中收有〈自序〉一篇,是吳宓「搜
求而得」,並刊於其主編的《學衡雜誌》中,後之編者再加入,遂
有今貌。也就是說,最初在日本刊行的版本《人境廬詩草》中沒
有黃遵憲的〈自序〉,是黃氏自己刪去所致。事實是否如此?恐怕
也不盡然。黃遵憲的孫子黃延纘於 1987 年發表的〈與《人境廬詩

草》研究有關的黃遵憲家族部分史實述評〉一文,對此關鍵性的
問題提供了清楚而可靠的資料,或可對這一問題有澄清的作用。

　　黃遵憲有子四人,長子晜,字伯元。次子鼎崇,字仲雍。仲
雍有子四人,延纘爲其幼子。身爲公度之後人,他對這段秘辛有
一定程度的了解。他在文中提到,黃遵憲出使英國一年、新加坡
三年,至 1895 年回國主持江寧洋務局辦理五省教案,仲雍一直隨
同在側,受其教導。即使是戊戌政變作,黃遵憲在上海被上海道
蔡和甫(鈞)派兵二百圍守時,仲雍也在身邊。因此,多年獲黃
遵憲身教的仲雍,對其父生前手訂各詩稿、文稿正副鈔本均知其
詳。黃延纘說:

> 黃遵憲去世(長子伯元亦同年去世)後,《人境廬詩草》定
> 稿正副鈔本一直為仲雍保管。1909 年仲雍因所患風濕性心
> 臟病(在家管理銀溪樹山區時一次遇大雨三天,困在山區
> 患上的)病情轉惡,遵醫囑離開山區至澳門養病,無法親
> 自從事有關黃遵憲詩稿等出版事宜。1911 年仲雍便以黃遵
> 憲生前手訂詩稿、文稿、〈自序〉等正鈔本交由甫(黃遵憲
> 從弟,名遵庚,字由甫)赴日給梁啟超主持出版。當時在
> 日本神戶當領事的黃遵楷(黃遵憲五弟)將《人境廬詩草》
> 黃遵憲的〈自序〉抽去,不讓梁啟超知道,而後又塞進他
> 的一篇〈跋〉……至於「次序則首遺像,次墓志,目」,並
> 無提及黃遵憲的〈自序〉(可知梁未見),梁啟超把他的〈墓
> 志〉擺上去,但來不及〈跋〉,於是乎遵楷為之(遵楷的〈跋〉,
> 梁亦不知)。多年後出現的康有為 1908 年寫的〈康序〉,也
> 無疑當時梁不得見而截留在黃遵楷手上,現已真相大白,
> 就是〈康序〉原稿由遵楷家屬作「墨寶」出示。直至 1926

　　年仲雍長子黃延凱將祖父黃遵憲定稿副本中的〈自序〉交
　　吳宓登於《學衡雜誌》六十期，那〈自序〉才面世。

從以上黃延纘的說明，有關《人境廬詩草・自序》一文不見集中
的原因始末應已得到合理的解釋。這整件事的關鍵人物是黃遵
楷，是他而非黃遵憲將〈自序〉抽去，也就是說，以〈自序〉不
載集中而認為黃遵憲「宗旨已變」的推論是不正確的，其真正的
原因是出在黃氏家族的私心自用上。從這段說明中，也可知〈自
序〉的面世並非吳雨僧「搜求而得」，而是黃延凱從「副本」中檢
出交給吳雨僧的。

　　黃延纘還特別提到，黃遵憲除了詩稿外，還有不少的文稿，
但經黃由甫帶往日本後卻未見出版。他指出這是「由甫據為己有」
所致，其證據是 1979 年 8 月出版楊天石的《黃遵憲》（上海人民
出版社），書末附有〈黃遵憲文目初編〉，其中黃遵憲的各種文稿
有 21 篇注明是「黃遵庚供稿」，而且楊氏在後記中也特別表示：「在
寫作過程中，承黃遵庚先生惠寄資料多種。」凡此皆可看出黃氏
家族成員在黃遵憲作品出版上私下所做的更動或刪改。若不是他
們加以揭露，則不正確的揣測將無法得到釐清。

　　吳宓在《學衡雜誌》刊出這篇〈自序〉時，曾特地寫了一篇
跋，文中提到：

　　歲丙寅，編者始因李君滄萍得識先生之文孫延凱，遂獲見
　　先生晚年所手定之詩稿鈔本，中並有當時知交名士詩人手
　　寫之眉批旁注，商榷評贊，朱墨重重，而卷首有先生所撰
　　〈自序〉一篇，尤可珍貴。擬之西土作者，其重要殆不下
　　於威至威斯之〈詩集再版自序〉。不知當日《人境廬詩》刊
　　印之時，此序何未列入？序中雖云有志未逮，然先生之作

此序，實在其逝世之前十五年，序中既明言作詩之方法及
旨趣，其詩自必遵造茲所言者作成。是詩與序，實相得而
益彰。故亟請於延凱，刊登本誌。

吳宓之疑問至此已獲解答，而我們之疑問從吳文中也可看出一些
端倪。他明言看到黃遵憲晚年手定之詩稿鈔本有〈自序〉一文，
只不知在刊印時為何會遺漏，可見黃氏對其序中所言仍有所堅
持，否則若真是看法改變，他有很多機會為文說明，甚至重寫新
序，但他沒有，也不見他有這方面意見的表達或記載，可知他並
沒有「改弦更張」。

三

〈自序〉問題的解決，說明了黃遵憲晚期詩觀改變的說法並
不正確。不過，他晚期的作品用典艱澀，欲言又止，詩意稍嫌隱
晦，則是事實。也許有人會以為他晚期詩風之改變，是他詩觀改
變的另一證據。對這一點，雖不見黃氏有任何相關的說法，但筆
者並不完全否定其可能性，只是想提出另一個不同的思考角度，
或可有助於對此問題的進一步探討。

光緒 24 年（1898）戊戌政變作，原本奉光緒帝命以三品京堂
充出使日本大臣的黃遵憲，因病未遽就道，在上海幾受羅織，後
被放歸。這段時期，他的詩作並未減少，在《人境廬詩草》的第
九、十卷即屬這一時期心境的紀錄，如〈紀事〉、〈仰天〉、〈雁〉、
〈己亥雜詩〉、〈續己亥雜詩〉、〈杜鵑〉、〈五禽言〉、〈久旱雨霽邱
仲閼過訪飲人境廬〉八首、〈三哀詩〉、〈和平里行和邱仲閼〉等均
是。或以為這些詩的詞意隱晦，用典深奧，和他昔日強調「我手
寫我口」的主張背道而馳，因而論斷他晚期詩風已改。其實這是

不了解黃遵憲當時的心理所致。當慈禧太后下令訓政，囚光緒帝，大捕新黨，廢一切新政，殺害「戊戌六君子」，並通緝康、梁時，有人奏稱康梁二人尚匿黃遵憲處，太后於是密電兩江總督查看，上海道蔡鈞派兵圍守，黃幾遭不測，後因外人營救，加上康有為已在香港出現，才在九死一生中得旨放歸，免除一切職務，黯然啟程南歸。宛如「驚弦之雁」的黃遵憲回鄉後，修葺「人境廬」，在家講學，從此閉門不預政事，直到去世。因此，晚年的黃遵憲可說是生活在清廷追捕新黨的「白色恐怖」中，尤其幾遭不測的瀕死經驗，不免對其詩歌的表現有所影響，為恐以文字罹禍，也就不得不隱晦，不得不假借典故來保護自己。這是現實生命的掙扎，不是文學生命的新選擇。以此說他詩風改變恐怕是不符事實的。這一點，只要讀讀他寫的〈放歸〉、〈雁〉詩即可體會，他寫道：「佛前影怖棲枝鴿，海外波驚涸轍魚。」自述驚恐之狀，完全是實情。〈雁〉詩寫道：「汝亦驚弦者，來歸過我廬。可能滄海外，代寄故人書。四面猶張網，孤飛未定居。匆匆還不暇，他莫問何如。」全詩以驚弓之雁為喻，通過對雁的設問，表達了自己內心的哀痛、失群的孤寂和無奈的心情。在這瀰天的政治羅網下，很多心情也只能用迂迴、曲折的方式來呈現，所以他晚年的詩才會較艱澀難讀。當然，我必須說明，這只是合理的推測之一，還可以再深入地探討。

在晚清詩壇中，黃遵憲慨然有改革詩體之志，且身體力行，以一部《人境廬詩草》為他的詩歌主張作具體的實踐，雖然其成就未能副其所期，然其為一時鉅手應無疑問。而他在〈自序〉中自道作詩之法與革新詩境的意見，雖仍屬「舊瓶裝新酒」，但其企圖「鎔鑄新理想以入舊風格」（梁啟超《飲冰室詩話》）的努力與

成就應該還是值得肯定的。正如吳宓所言，其詩與序是「相得益彰」的，他對詩歌改革的態度與門徑也沒有前後矛盾之處。黃遵憲詩作的最大價值本不在作詩功力之深淺，而在於他詩中所呈現的時代性與現實性，他的詩本就是以當時社會、政治的歷史發展爲素材，尤其是對政局多所憂心、關懷，因此，在政治迫害的巨大陰影下，他做一些「掩護」與「僞裝」，是可以理解的無奈選擇。甚至我們可以說，正因清廷的文網嚴密，而他又是有「前科」的政治人物，他仍勇敢地針對時局發抒己見，語多激憤，這種知識分子的理想色彩與耿介風骨，是令人敬佩的。

　　在他 58 年的生命中，我們清楚地看到他的詩風與人格緊密地結合在一起，而且一本初衷地在詩界革命的道路上摸索、前進。直到晚年，他仍不時與梁啓超書信往返，討論文學改革，議論政局時勢，理想不滅，壯心猶存。一部《人境廬詩草》，不僅是他個人詩歌理想的實踐，也是近代中國歷史風雲的縮影。誠如黃遵憲在〈自序〉中所言：「詩之外有事，詩之中有人」，這人與事的相輔相成，正是黃遵憲詩歌的可貴之處。雖然他在〈自序〉中又引詩經所言「雖不能至，心嚮往之」來自勉，但我們不得不說，他在〈自序〉中表明的努力方向，已在往後的歲月中，得到了具體的印證，也獲致了不可忽視的成績。

《南社叢刻》研究

── 從文學編輯、傳播角度的觀察

一、前　言

　　南社是中國近代一個以文章相砥礪、以氣節相標榜、以詩歌相酬唱的革命文學團體，由陳去病、高旭及柳亞子等人於光緒 33 年（1907）發起於上海，宣統元年（1909）正式成立於蘇州，停止活動於民國 12 年（1923）。辛亥革命前有社員二百餘人，辛亥革命後曾發展至一千一百人以上。在橫跨民國建立前後的十幾年中，南社成員一方面旗幟鮮明地提倡革命文學，勇於批判過去的文學傳統，在承接舊文學餘緒與為新文學開闢道路上，扮演了過渡而重要的角色；一方面則或藉慷慨激昂的文字，或以實際參加行動的方式，在推翻滿清、建立民國，以及民國以後的反袁運動、主張北伐等政治活動上，發生過積極的影響。

　　南社的成立，雖不免有其政治上的色彩，柳亞子說：「我們發起的南社，是想和同盟會做掎角的」[1]；在南社成立時，17 位社

---

1 柳亞子：〈新南社成立布告〉，《南社紀略》（上海：上海人民出版社，1983），頁 100。

員中具同盟會籍者即有 14 人，高旭還是同盟會江蘇分會的會長。隨著社務的發展，于右任、宋教仁、黃興、鄒魯、汪兆銘、陳英士等人都陸續加入，強化了政治色彩。但是，南社終究不是政治團體，它的成立本質仍屬文藝社團，社中同仁除利用詩文來鼓吹愛國及革命思想外，尚有其獨特的、共同的文學取向，並且定期舉行文人雅集活動，發行社刊《南社叢刻》，會員行止以規章相約範，會員需繳一定的會費，擔任社務者由會員共同選舉產生等，這些特質，使南社具備了現代學會社團的屬性。南社成員原本即有意號召繼承明末復社、幾社文人的傳統[2]，雖然其組織更爲嚴密，活動更爲積極，但繼承明末文人詩文酬唱、議政得失的精神傳統並無二致。在這種以詩文鼓動風潮的精神凝聚下，加上政治情勢的巨大變動，南社這個以「研究文學，提倡氣節」爲宗旨的文人集團，就因緣際會地躍上了中國近代文學史的舞台。

　　中國近代文學的發展，是一個明顯具備過渡色彩的階段。舊傳統的包袱依舊，新文學的羽翼未豐，因此而有著繁複多變的面貌。尤其是中西頻繁交流的催化，使中國的文化、思想、社會、經濟、政治等方面都產生極大的變化，而這些變化被強而有力地反映在文學作品中。南社的活動歷經清末民初關鍵的十餘年，成員又密切關懷政治，因此，作爲這個文學社團的機關刊物《南社叢刻》中大量的詩文，便成爲近代文學發展重要見證的一部分。

2　1907 年，陳去病、吳梅、劉三等 11 人在上海愚園集會，成立神交社，堪稱南社成立的先聲。柳亞子曾做〈神交社雅集圖記〉，號召社員們繼承復社的傳統；高旭在〈海上神交集，以事不得往，陳佩忍書來索詩，且約再遊吳門，書此代簡〉一詩中也提到：「彈箏把劍又今時，幾復風流賴總持。」同樣要求繼承幾社、復社的遺風。至於神交社，柳亞子在《南社紀略》中已明言它「是南社的楔子」。正因爲標榜此一遺風，南社特別強調對社員在民族氣節方面的要求。

在民初古今文學的論爭對抗中，大眾傳播媒體的大量出現與積極運用，是近代文學發展上迴異以往的一個重要特色。由於文學傳播管道、方式的進步，不論在政治理念的鼓吹、文化思潮的推動，或是文學主張的宣揚，都較以往容易產生「風起雲湧」的傳播效果，這一點，南社的主要成員顯然是有所認識，因此，南社成立後，即著手編輯《南社叢刻》，凝聚社員力量，反映、紀錄當時種種變化的軌跡，提倡宣導其各項主張；另一方面則積極吸收報刊媒體的記者、編輯入社。由於對傳播媒體的掌握，南社的知名度迅速爬升，影響力日益增強，社員人數也急遽膨脹。可惜，後來因政治奮鬥目標的模糊（反清、反袁之後，社員的凝聚力很快鬆散），文學主張的無法趕上新文化運動所帶來的快速轉變（部分成員因反對白話文而在論戰中敗下陣來），更大的致命傷，則是社團主其事者彼此間的內鬨不已，最後導致這個曾被譽為「武有黃埔，文有南社」的文學社團走上停頓、解散的命運。

對於南社在政治、文學、文化各方面的態度，以及社員彼此間的往來酬應，乃至於這個社團的興衰起伏，《南社叢刻》正好提供了一個客觀的史料存在。而在功能上，它積極扮演了對外發言的重要角色，以集中火力的方式向封建勢力開火，反映輿論，製造輿論，甚至企圖主導輿論。透過社員在政治上的地位與積極活動，加上掌控眾多大眾傳媒的優勢，《南社叢刻》所談論的話題、掀起的戰火，大多能在傳播的過程中獲得呼應或重視。因此，對這份刊物加以研究，可以了解中國近代即識分子在對應時代變動時出處進退的思考態度。也由於南社的最後瓦解解涉及幾位主其事者對這份刊物編輯型態、方針的主導權爭奪，因此，若從文學傳播、編輯的角度對這份刊物加以考察，應能掌握這個革命文學

社團在文學、歷史兩個面向的時代意義。也就是說，南社的思想、主張，如何透過這份刊物的編輯設計（包括內容與形式）加以傳描？傳播的效果如何？他們透過這份刊物表現出何種集體性，以及面對社會劇烈變化下產生什麼互動？這是本文所試圖探討的。

二、《南社叢刻》的外在傳播條件與型態

掌握媒體，才能掌握發言權。這是中國近代知識分子面對政治社會變動的一項觀念上的強烈認知。近代報刊雜誌的出現如雨後春筍，蔚爲大觀，也正說明了媒介是宣傳觀念的利器，是鼓動人心的工具，知識分子在其中結合、交鋒，展現書生報國的論政傳統。梁啓超的《新民叢報》與孫中山的《民報》系統一連串的思想論戰即是一例。在觀念透過媒介對外傳輸的效果上，毫無疑問的，報紙以其普及性、新聞性的特色，自然成爲輿論爭奪的主戰場，相形之下，雜誌所扮演的角色則較不易在時效上達到相同的宣傳效果。但是，雜誌往往可以因其同仁的道義情感結合，宗旨的明確闡揚，而在深度的耕耘上獲致較報紙更明顯的效果。這一點，《南社叢刻》也不例外。然而，它的特殊之處在於這份刊物的「筆隊伍」，同時也是操控當時主要報紙媒體的「記者群」、「編輯群」，這使它在傳播上佔了較大的優勢。

其實，《南社叢刻》本質上不過是一文藝社團之同仁刊物而已，因此在文章發表上不免以詩詞文等文學作品爲限，而且社員唱和酬對的傾向明顯，使刊物流傳自然集中於社員與社友之間，爲一典型的小眾傳媒。但是，透過編輯人力的流通，這份刊物的影響力大增。舉例來說，南社在民國 2 年初，成員約有四百餘人，但僅以當時的全國文化中心上海來看，主持筆政者即大多爲南社

社員，如《民國日報》有邵力子、成舍我、聞野鶴；《民權報》有
蔣箸超、戴季陶；《民立報》有宋教仁、于右任、范鴻仙、葉楚傖、
陳英士、徐血兒等；《神州日報》有黃賓虹、王無生；《大共和報》
有汪東；《時報》有包天笑；《天鐸報》有鄒亞雲、陳布雷、李叔
同；《太平洋報》有姚雨平、陳陶遺、柳亞子、蘇曼殊、胡樸安、
胡寄塵、陳蛻安、姚鵷雛等；《民聲日報》有寧太一、汪蘭皋、黃
侃等；《申報》有王鈍根、陳蝶仙、周瘦鵑等。其他多種雜誌，也
大多是南社社友的地盤，可謂盛極一時。這種緊密的聯絡網路，
使南社的思想主張河以迅速而大量地傳播給廣大讀者。成舍我後
來曾回憶道：「當時在上海，若不是而南社的成員，不大能夠進報
館當編輯。」[3]而柳亞子更得意地說：「請看今日之城中，竟是南
社的天下。」這是《南社叢刻》作為一份小眾的同仁刊物，卻能
在外在條件上擁有強大播力量的主要原因。

　　由於與報刊媒體／編輯人有如此密切的關係，《南社叢刻》一
創刊，即以上海太平洋報館為發行所；第四集後代為發行的增為
九處，有上海民立報社、上海秋星社、北京帝國日報社、杭州全
浙公報社、汕頭中華新報社、桂林南風報社、檳榔嶼光華日報社
等；至第 10 集起更增加到 13 處，發行網路日益健全，且以報紙
為發行主體。而刊物之稿件徵集，也以報社為聯絡點，如民立報
館的朱少屏，鐵筆報館的柳亞子等。至於《南社叢刻》的撰稿群，
也絕大多數是各報的記者、編輯等新聞工件者[4]。不過，這裡有兩

---

3 見成舍我口述、張堂錡整理之〈南社因我而內鬨〉一文，刊於民國 78 年 11
　月 13 日《中央日報》，後收入拙著《生命風景》（台北：文史哲出版社，1994
　年 4 月增訂版）一書。
4 事實上，在辛亥革命前夕，南社成員主要即以報刊編輯、記者、中小學教員
　及學生、藝人等為主；到了民國 5 年底出版的姓氏錄上，在 825 位社員中，

點必須說明：第一、《南社叢刻》的內容性質以文學為主，在 1909 年 10 月 27 日南社成立前夕，曾發表〈南社條例十八條〉，規定「社員須不時寄稿本社，以待刊刻」，「寄稿限於文學一部，不得出文學之外」[5]；正式成立時所制訂並通過的〈條例〉更明分詩、文、詞三類，因此，許多社員所寫鼓吹反清革命的文章，遂發表在其他報刊上，這使《南社叢刻》保存了較高的文學藝術性，這是文人同仁刊物的特色，也是其與報紙在傳播型態上的不同；第二、南社成員雖有「義務」供稿，但這終究不具有必然的約束力，因此，22 集的社刊，撰稿者的廣泛性不足是無可避免的現象，因為在這同時，其他眾多的報紙媒體已經提供了更為寬廣的發表園地，所以，即使《南社叢刻》與大眾傳媒有良好的合作關係，仍不宜過度膨脹其功能，畢竟，它的屬性還在於是一份文學社團的小型同仁刊物。

　　雖然如此，但誠如前述所言，南社的誕生、崛起，與時代風潮、政治情勢有非常密切的互動關係，尤其在反清、反袁這兩項「革命大業」上，南社成員以其宣傳革命思想與行動並重的方式，的確在當時發揮了激奮人心、凝聚共識的作用，而《南社叢刻》以其機關刊物的角色，更適時地以文學為政治敲邊鼓。如果說，辛亥革命以前的《南社叢刻》是「反清專號」，而辛亥革命以後幾年是「反袁專號」，就其傳播的思想意識而言，應屬恰當。當然，「革命大業」是必須「共襄盛舉」才能「風起雲湧」的，在思想傳播方面，正是透過如前所述之媒體互動、呼應，大家以筆上陣，

有 318 人載明其職業，其中教育界佔百分之 30，新聞界佔百分之 22，工商、法政各佔百分之 20，編輯、文藝界佔百分之 7，可見共成員之組成特色。社刊之撰稿者自然亦呈現出此一特性。

5 楊天石、劉彥成：《南社》（北京，中華書局，1980），頁 16。

以文攻堅，才能達成目標。

三、《南社叢刻》的內在編輯組織與策略

在說明《南社叢刻》的外在傳播條件及其立場之後，我們可以細部地來對這份刊物的編輯組織、人力及其策略加以分析，因為這是這份刊物思想傳播的力量基礎。而在探討這份刊物之前，有必要對南社組織力量的另一表現型態 ── 「春秋雅集」略作說明。

南社經常性的活動包括舉行雅集與出版《南社叢刻》。雅集在先，出刊在後。南社自成立到解體，一共舉行 18 次正式雅集、4 次臨時雅集。原本雅集時間應該在每年春秋佳日，但事實上卻多有變動[6]。因為雅集活動往往牽繫社刊編輯組織的異動，因此，在或因柳亞子退社、復社事件，或因政治情勢演變，或因社團內部人事爭鬥等大小因素影響下，連帶使得社刊的出版時間隨之變動，例如民國 5 年 4 月至 9 月，因反袁成功，袁氏病故，南社成員欣喜快慰，不僅舉行 4 次雅集，是年社刊也一口氣出了 5 集。而在內鬨其間，卻是 2 到 4 年才出版一冊。不過，一共出版 22 集的《南社叢刻》，恰好與南社前後共舉行 22 次雅集的次數相等，除了巧合外，也說明二者之間的聯繫關係。

南社雅集時的活動包括會餐、收集雅費、攝影、報告、補收

---

6 民國元年（1912），柳亞子因編輯委員的編制問題而宣布脫社，而後經過數次修改條例，改變編制，柳才在民國三年重行入社，為表對其歡迎及選舉主任之事宜，在民國 3 年的 3 月至 10 月間，即舉行了 4 次雅集；又如民國 5 年 4 月至 9 月，因袁世凱稱帝美夢破碎，且於民國 5 年 6 月 6 日發疾而故，南社久被壓抑之悶氣得以抒發，柳亞子欣喜地發出「共和回復，文教再興」之言，遂較密集地舉行了 4 次雅集；但在民國 6 年因社員內鬨，舉行了第 16 次雅集後，經過兩年才舉行第 17 次雅集。

入社書入社金以及談話，其中又以餐宴及賦詩論詞為重頭戲，而詩詞酬唱的內容往往附錄於社刊之後，以為活動之實錄[7]。除此之外，雅集活動還附帶有一項極重要的工作，即制定或修政〈條例〉，這可說是整個社團的活動綱領及組織規章。南社一共曾進行六次條例的修改。據柳亞子《南社紀略》所言，蘇州虎丘成立大會上所制定及第二次雅集修訂之條例均已佚失，因此目前所見最早的條例是宣統 2 年（1910）7 月第三次雅集時的〈南社第三次修改條例〉，其中與《南社叢刻》有關的規定如下：

> 一、社友須不時寄稿本社，以待匯刊；所刊之稿，即名為《南社叢刻》。
>
> 二、社稿歲刊兩集，以季夏季冬月朔出版，先兩月集稿付印。
>
> 三、社中公推編輯員二人，會計、書記各一人，庶務二人。
>
> 四、社稿以百頁為度，分詩、文、詞錄三種；詩、文錄各四十頁，詞二十頁。
>
> 五、選事由編輯員分任。
>
> 六、社稿出版後，分贈社友每人一冊，其餘作賣品。

最後，規定條例每半年於雅集時修改。這份柳亞子口中的〈南社大憲章〉[8]一共 13 條，有關社刊部分即佔一半，足見南社對社刊的重視。

條例中明定這是一份以詩文詞為主的半年刊，這三類文稿各

---

7 例如第 9 集即附錄由陳匪石筆述的〈南社第十次雅集紀事〉；第 10 集後附錄〈夏五社集愚園雲起樓即事分韻〉，前有陳匪石所作小識；第 12 集的附錄一〈畿輔先哲祠分韻〉，詠詩的有 21 人，前有高旭的小引，說明宴集地點及相敘情形；第 19 集的附錄三有長沙南社雅集分韻詩 20 首，由王競錄存等。

8 柳亞子：〈我和南社的關係〉，《南社紀略》，頁 23。

由一位「編輯員」擔任審稿工作，而且在各類文稿的篇幅上也作
了明確的安排，已大致對這份刊物的組織人力及運作方式作了規
範。比較特別的，是並未對刊物的宗旨提出說明，即使在以後第
四、五、六次的條例修改中，依然不曾對此有任何意見提出，也
許，這個宗旨說明是有意讓《南社叢刻》自行以其他方式來呈現。
這裡所謂的「其他方式」，是指文稿的選用。透過編輯人的理念，
編選文稿，藉其中內容的大體主流，來凸顯這份刊物的立場與宗
旨。在民國 3 年 3 月第十次雅集時所修訂的最後一次〈南社條例〉
中，南社才明訂宗旨爲「研究文學，提倡氣節」，雖然，社團宗旨
的明文訂定如此之遲，不過，其社團精神宗旨的實踐倒是自始即
然，而且一以貫之。這一點，可以從《南社叢刻》的內容得到印
證。

　　在《南社叢刻》第 1 集中首列陳去病所撰的一篇〈南社敘〉，
應可視爲發刊詞，此文在第 9 集又把它重行刊布，並加編者案語：
「……今時勢且一再變遷矣，雖滄海桑田，盛衰靡定，而愚公精
衛，信誓未忘。」可見其所具之代表性。在這篇發刊詞中，陳去
病指出南社之成立有三「不得已」[9]：南社成員或如屈原賈傅之傷
時憂國；或如見廈屋殘灰、銅駝荊棘，充滿易代興亡之感；或是
感於蘇李情殷，思念同志，哀悼殉難故人。基於這三點，他殷殷
叮囑社員的作品必須有感而發，「語長心重」，「本非無疾以呻吟；

---

9 陳去病〈南社敘〉指出：「湘水沈吟，比三閭兮自溺；江南愁嘆，等賈傅而煩
　冤。此不得已者一也。抑或攬髦丘之葛，重慨式微；采首山之薇，將歸曷適。
　竹石俱碎，淒淒朱鳥之珠；陵闕何依，黯黯多青之樹。吊故家於喬木，廈屋
　山丘；尋浩劫於殘灰，銅駝荊棘。此不得已者又其一也。而且乘車戴笠，交
　重金蘭；異苔同岑，誼托肺腑。攜手作河梁之別，蘇李情殷；聚星應奎斗之
　芒，荀陳契合。或月明千里，引兩地相思；或鄰笛山陽，悵九京之永逝。此
　不得已者又其一也。」

興往情來，畢竟傷時而涕泣。」這番話將南社成立之本意及其目標做了簡要的提示，充分結合了一個政冶色彩濃厚的文學團體之性質與使命。這個性質，在以後各集文章的編排上得到淋漓盡致的闡釋，而其使命，也在社員實際參加政治活動中得到發揮。

　　以此宗旨為核心，整部《南社叢刻》從文章內容到編集形式的安排，都直接、明確且火力集中地向讀者傳播其訴求目標，前述之「反清專號」、「反袁專號」，正是透過編輯設計之後的主題呈現。我們可以從民國成立前夕、反清最烈時出版之第 4 集，與民國 5 年討袁最烈時出版之第 16 集為例說明。

　　第 4 集是宣統 3 年 6 月 1 日出刊，內收文 34 篇、詩 371 首、詞 124 首。編者為柳亞子、俞劍華。以文為例，羅天覺的〈書岳女士麟書〉，藉悼社員岳麟書之死，痛陳「國家顛危，將陷於腥風血雨」；王鍾麒〈憫秋篇〉以悲慟之筆，追思秋瑾殉難，並疾呼「今者文武之道將窮，人神之禍攸酷，庶幾我民，抗彼夷族。我既為鷹隼之擊，彼將類蟄蟲之宿」，對清朝的敗亡直言不諱；陳去病所撰之〈秋社啓〉，亦哀秋瑾之死，認為「叔世亂離，偽相襲。四海倒懸，士女激憤。爰有秋子，觝觸禁網。獄狀未具，遽嬰顯戮。萇弘碧血，如何可泯。悲悼悵側，曷云能已」，強烈控訴了清廷的殘暴；在〈越社敘〉中，更以激昂的語氣提醒國人「輓近以來，中國之變亦既亟矣。上無道術以速其亡，下亦無所補救以視其亡，而天下因益加危」，因此，他勉勵道：「孰謂天定勝人，而人定不可以勝天哉？蓋亦視乎人而已矣！」在集中詩詞裡，也有不少以伸張民族正氣，闡明民族大義，鼓吹書生報國為主旨的作品，如陳去病的〈惻惻〉一詩吟道：「圖南此去舒長翮，逐北何年奏凱歌，愧殺鬚眉遜巾幗，要將兒女屬媌娥」，表現出反清排滿的心志；張

光厚的〈金縷曲〉詞，自抒懷抱，「血滴滴，心肝一付，欲向神州橫灑失。奈窮途，總把廚頭誤，天不管，向誰訴。」充滿書生報國的悲涼情懷；又如葉葉的〈念奴嬌〉詞：「水天一色，有鯨波百丈，奔騰而出，一匹鮫綃新世界，容我憑欄。」，促現出作者對新時代的熱烈冀盼。這些集中處虛可見的熱血之作，對人心的鼓舞、刺激，應能發揮其一定作用，因此，宋教仁才在《民立報》上為文稱之：「其間感慨淋漓，可誦之篇不鮮也。」[10]

第 16 集則是出版於民國 5 年 4 月。內收文 117 篇，詩 842 首，詞 133 首。編者為柳亞子。在《南社叢刻》22 集中，此集刊載文章數量次多，足見以直抒己見、暢快議論為特色的散文體，為亟欲抨擊時政的南社諸子所喜用，且能盡情揮灑。在這一點上，柳亞子確實將其政治理念與編輯策略緊密結合，提供充分的篇幅，並且集中呈現，對袁世凱的喪權辱國、稱帝野心，都有尖銳的批判。例如文集中丁以布的〈祭宋遯初先生文〉，藉追思「英靈不泯」的宋教仁，暗指袁氏為梟賊；而張光厚則毫不容情地對袁氏的稱帝醜劇予以辛辣的諷刺，他在〈詠史四首〉詩中寫道：「暗裡黃袍已上身，眼前猶欲託公民。紛紛請願真多事，個個元勳肯讓人。民選竟能容指定，天從何必假因循。楊家家法真堪噱，百代兒孫服莽新。」，痛責袁氏明明是帝制自為，卻又要假託民意。第 2 首更進一步對「籌安會」、「公民團」、「全國請願聯合會」之類的組織加以揭穿陰謀：「來許加官去送金，奸雄操縱未深沈。袁公路有當塗讖，石敬塘真賣國人。纂位豈能逃史筆，虛文偏欲騙民心。尋常一個籌安會，產出新朝怪至尊。」全詩義正詞嚴，心

10 柳亞子：《南社紀略》，頁 31。

雄氣盛，堪稱紀錄袁氏稱帝醜劇的史詩；又如易象的〈哭周平子〉詩，也是直斥袁氏「糯斯竊鉤強竊國」。這些詩文的主題明確，焦點集中，在對袁氏的口誅筆伐上確實是產生了效果。

　　在此，我們必須指出，《南社叢刻》在這些立場的表明、內容的呈現上，和這份刊物的「主編」、同時也是這個社團「主任」的「靈魂人物」柳亞子有著不可分的關係，透過他的鼓吹、結合，刊物的風格得以凸顯，從選文、廣告、圖片安排等編輯工作的設計，我們也可看出他的政治態度與思想傾向。如果陳去病的發刊詞是一種道義理想的揭櫫，則柳亞子是自始至終透過編輯手段將這份理想對內落實、向外傳播的主要人物。即使不談編輯理念，僅從編輯行政角度來看，說他是《南社叢刻》的支柱，亦屬公允。在 22 集社刊中，所選出的編輯員往往名不副實，被推選出者多因他務而無暇出任，導致除了 1、2、8、21、22 集外均爲柳亞子一人所編。據鄭逸梅《南社叢談》書中透露，由於社費的收繳並未嚴格執行，而刊印社刊所需紙張印工甚多，這些款項，大多由他墊付。此外，亡故社友遺集的輯刊，也往往是他一人出錢出力，所以，爲了南社，柳亞子私人斥資達「萬金之巨」。不僅如此，連所有來稿的抄寫發排，也都是由柳亞子擔任[11]，因此，要談《南社叢刻》的組織、編務、行政等人大小事項，都與柳氏脫離不了關係。

　　基本上，柳亞子懂得編輯技巧，也具有靈活的編輯能力，這

---

11 鄭氏回憶道：「那時社友寄來的詩詞文稿，有的行書，有的草書，很不一律，且有寫在花箋上，字跡娟秀，鈐著印章，成爲一個橫幅，或一個手卷，這樣交給手民，弄髒了末免可惜。亞子就把這些稿子統體謄寫一遍，然後發給排字房。這樣成爲慣例。以後這個抄胥工作，往往由亞子擔任。」見鄭逸悔：《南社叢談》（上海：上海人民出版社，1981），頁 11-13。

一點，從《南社叢刻》初期編排方式的演變可以看出。依照〈條例〉規定，社刊由三人擔任文、詩、詞三類的「編輯員」，第一次也推出了陳去病、高旭、龐檗子三人，但實際上是由高旭一人主編，在內容編排的次序上如下：〈南社詩文詞選敘〉（即陳去病〈南社敘〉）、文選 5 篇、《磨劍室文初集》1 卷、《願無盡盧詩話》1 卷、詩錄 59 首、《未濟盧詩集》1 卷、《蜚景集詩》1 卷、《有奇堂詩集》1 卷、《寄塵詩稿》1 卷、詞選 13 首、《鈍劍詞》1 卷、《蜚景集詞》1 卷、《寄塵詞稿》1 卷。可以看出編輯功夫的馬虎，次序雜亂無章，各人專集佔去太多篇幅，且與一般用稿間雜交替，文少詩多，都顯示了高旭在編輯上的缺乏概念。出第 2 集時，因陳去病在杭州高等學校教書，由他負責編輯並在杭州出版。這一集的內容編排已有改進，次序如下：文選 3 篇、詩錄 97 首、詞選 14 首、《巢南雜著》1 卷、《磨劍室詩集》2 卷、《未寄盧詩集》1 卷、《更山齋詩》1 卷、《王席門先生雜記》1 卷。將文、詩、詞選集中編排，而各家專集列在後面，使刊物的編排醒目有重點。然而，詩文的分配仍嫌懸殊，且在排列次序上無特殊意義，既非按作者姓氏筆劃，也非依籍貫省份，加上校對不嚴，錯字不少，使本集的出版仍令人不甚滿意。集中《王席門先生雜記》與南社毫不相干，席門，明代人，姚石子鈔得其文 5 篇，做為鄉邦文獻，因其同為金山遺民，刊載於此實屬不妥。類此現象，柳氏頗覺不滿，尤其認為專集佔去太多篇幅，致使社員的作品不能普遍發表，將來社員一多，更成問題，於是，透過一場設計過的改選策略，他取得了編輯主導權[12]，從第 3 集起，他取消固定的個人專欄，

---

12 這一段「奪權」經過，和柳亞子《南社紀略》的「張園雅集」部分有詳細的描述。由於在雅集時推選寧太一任文選編輯、景耀月任詩選編輯、王無生任

重新編排，將內容分成三大部門，一為文選，二為詩選，三為詞
選，成為這份刊物的固定模式，直至 22 集結束，始終未變。這種
僅分文類，對社員作品充分開放園地的作法，使刊物的稿源大增，
也強化了社員對刊物及社團的向心力，這一點編輯上的改變，是
柳亞子與俞劍華合力所為，顯然柳氏對此安排是滿意的，他認為
這是「革命以後的第一聲」[13]。

　　除了在內容編排上做了改變外，自第 3 集起，封面顏色由粉
紅改成瓷青，較為大方古雅；並且在卷首刊出女社員岳麟書的遺
像，由朱少屏撰寫行述，這個編輯方式成為《南社叢刻》的一大
特色，一方面是紀念死者，一方面也發揮了激揚生者革命情感的
作用。例如第 6 集有為革命犧牲的烈士周實丹遺像；第 9 集有宋
教仁遺像，並附葉楚傖追悼的短文〈不盡餘哀錄〉。隨著革命情勢
的加速演變，南社社員犧牲的人數也增多，於是第 10 集一次列了
7 人遺像，後附略歷；第 13 集多達 8 人，第 19 集則有陳英士、
黃興等 7 人；第 20 集更多達 11 人。這種安排，不僅可凝聚社員
革命情感，即使是對非社員，也可迅速傳達刊物的立場，具備直
接、強烈的傳播效果。此外，自第 9 集起，南社雅集活動的攝影
照片開始出現，此後也成了刊物的一大特色，並且一一註明參加
者，為社團活動留下珍貴的史料，這也是同仁刊物經常具有的編
輯方式。

　　自第 8 集起，《南社叢刻》在刊物末頁開始出現廣告，主要是

詞選編輯，使得 1、2 集主編高旭、陳去病很不高興。推舉的三位編輯，寧、
景二人均未出席，辭謝不肯就職；王無聲雖在上海，以事忙不克分身也不參
加，在無人負責的情況下，柳亞子拉了俞劍華幫忙，由柳抄寫，俞任選政，
才促使第 3 集出版。

13 柳亞子：《南社紀略》，頁 25。

售書廣告，有陳去病《笠澤詞徵》、柳亞子《春航集》、王漁洋《阮亭詩餘》、胡寄塵《虞初近志》、《弱女飄零記》、夏綺秋《中國民國國歌》等，均註明書名、編撰者、刊行者、冊數、定價、發行處。接著還有介紹國學叢選、分贈流霞書屋遺集、索閱阮烈士遺集的啓事。這個型態一直維持到停刊爲止。第 10 集起，部分廣告移至刊物前，如「馬君武詩集已出版」的消息、介紹「中華實業叢報之四大特色」的促銷報紙廣告，安排在雅集活動照片之後。而末頁的「售書告白表」中，除了刊登其他書的廣告外，也開始注意到社刊的促銷，因此而有「南社第九集」的廣告，飆明定價四角。由上海文明書局發行，但這並未形成慣例，除了第 11 集又做了一次社刊廣告外，並未再出現。這應與社員本身的著作甚多，篇幅有限有關。廣告自從在刊物面前出現後，其樣式與內容也隨之豐富起來，以第 13 集爲例，即有中國留美學生月報的訂報啓事、《科學雜誌》第 1 至 3 期的出版通告及各期目錄、《公言雜誌》第 3 期出版啓事，以及《馬君武詩集》、《章氏叢書》、《潘力田先生遺詩》、吳石華《桐花閣詞鈔》、《國學叢選》、《池北偶談》、劉向《新序》、《文始》、《雅言》、《世德堂六子》等書或雜誌的出版廣告。此外，還有余天遂代書堂匾、楹聯、市招等字的「顛公書約」。從廣告量的增加，可以說明《南社叢刻》的讀者群及銷售量應有增加，這和它的發行所（經銷處）的增加，一樣可視爲傳播力量的擴大。當然，在廣告的內容上不免會以社員作品爲主，這仍是同仁刊物的普遍現象，不足爲奇。

　　在文章的選用刊登上，並無一明文的「選稿標準」，而是聽任各類主編的裁決。基本上，只要符合是社員身分、文體爲文言文、文類爲詩文詞、主題不違背南社宗旨等條件，大概都能入選。綜

觀 22 集正式出版的《南社叢刻》,其呈現的內容確實豐富而廣泛,
有的記述社團活動,有的表達社團態度,有的反映社友之間的交
往、遊踪、志趣、見解,有的抒發生恬感懷,有的對政冶、社會
作直接的抨擊,可說是林林總總,樣貌不一。但正如前面對第 4
集、第 16 集的分析,其宗旨的掌握仍是清楚的,大致立場也是維
持的。至於在文類的刊登上,詩共刊 12116 首,文共 1416 篇,詞
共 2805 首,以詩的數量明顯佔上風,這也說明南社的代表性文學
創作是詩。在《南社叢刻》中,雖可見到一些有關小說的討論,
也刊登小說的序言,但始終不曾刊載過小說,而南社成員中善寫
小說者不少,爲彌補此一缺憾,另行出版《南社小說集》,原意是
作爲《南社叢刻》的輔佐刊物,可惜只出一期,沒有續刊。其排
印格式一如《南社叢刻》,內容上也以「開通風氣,棒喝社會」爲
主,收有周瘦鵑的〈自由〉、成舍我的〈鬼醫生〉、貢少芹的〈哀
川民〉等。

　　透過以上的說明,我們可以了解,在以柳亞子爲核心的編輯
組織運作下,這份刊物以其明確的政治立場爲號召,積極扮演南
社機關刊物的功能,自內容的選編、圖片的設計到廣告的安排,
都能有與清楚的目的:一來傳播社團理念;二來聯繫社員情誼。
這兩項目的,在以文學爲媒介的策略下得到了一定的效果,不論
從文學或歷史的角度來檢驗,《南社叢刻》那有其不容忽視的重要
價值。

四、從《南社叢刻》之編輯、傳播
角度看南社的歷史發展

　　以上分析了《南社叢刻》所對應的外在社會環境,及其以一

文學媒體角色與當時報刊媒體之間的互動與聯繫。其次，也對這份刊物的內在編輯組織、運作，及刊物的內容、特色做了探討，並且對其在文學、歷史方面的價值也給予肯定。事實上，南社的崛起、壯大、停頓到解體，《南社叢刻》作為其機關刊物，正好成為這個歷史發展規律的縮影。我們透過這份刊物，看到社員間惺惺相惜的革命情感，也看到英雄主義在社員間掀起的風雨波瀾。在帶領南社走向更高發展的過程中，《南社叢刻》適時發揮了推波助瀾的功能；在導致南社步向分崩離析、最後解體的過程中，《南社叢刻》一樣扮演了不可或缺的關鍵角色。而不論是壯大或停頓的過程，都與前面所論之編輯與傳播的運用有關，因此，以下的論述便以這兩個角度切入，來探討《南社叢刻》由盛而衰的主因，當然，它也同時解釋了這個文學團體在歷史發展上不得不然的解體宿命。

　　誠如前面所言，要談南社與《南社叢刻》，就離不開柳亞子。沒有柳亞子，這個社團的影響力將大打折扣，同樣的，沒有柳亞子，《南社叢刻》能否持續出刊都成問題。這也就是當年柳亞子何以會說出「沒有柳亞子，就不會有南社」這句話[14]，柳亞子之所以能成為這個社團與刊物的「靈魂人物」，並且在整個社團的發展歷史中扮演舉足輕重的角色，和他長期掌控社刊的編務有絕對的關係。從他在第三次雅集與俞劍華聯手讓陳去病、高旭落選，進而負責社刊編務的「張家花園革命」（柳亞子自語）開始，就已表現出他在這方面的強烈企圖心。其實，柳亞子雖為南社三位創始人之一，但他初期在社中的地位並不高，這可以從下面三點看出：

14　見鄭逸梅：《南社叢談》，頁11。

第一、代表社刊的〈南社敘〉由陳去病執筆；第二、在第一次會議中，柳亞子僅被選為書記員而已；第三、高旭未出席也被推舉為詩選編輯員。對一份文學刊物來說，負責文稿的編選才是重要而有實權的工作，但直到第六次雅集為止，柳都只擔任書記員或會計員的職務，這對他而言，不能不說是一種缺憾，畢竟，社刊的編輯工作，由於被選的編輯員多因故而未真正投入，反而是柳亞子一直負責實際編務，結果每次的選舉都未如他意。因此，第七次的雅集活動上，才會爆發柳亞子要求的修改條例之爭，因而根本改變了《南社叢刻》的編輯組織。

　　這次的爭論，主要是柳亞子提議將編輯員三人制改成一人制，也就是所謂的「三頭制」與「一頭制」之爭，而且他還毛遂自薦要當這「一人」。他說：「我覺得南社的編輯事情，老實說，除了我之外，是找不出相當的人來擔任的了。一個人就不容易找，何況要三個人呢？所以我的主張，是改三頭制為一頭制，人選則我來做自薦的毛遂，這是為了南社的前途，我認為用不著避免大權獨攬的嫌疑的。」[15]然而，也許是「張家花園革命」所造成的芥蒂吧，他的建議遭票，他的提議被否決。第二天，柳亞子在《民立報》上登出廣告，宣佈脫社。這個風波最後在南社其他成員的讓步下得到解決，第十次雅集時產生了〈第六次修改條例〉，於有「革命的涵義」，遂稱為〈南社條例〉，其中規定「本社設主任一人，總攬社務，並主持選政，由社友全體投票公舉」、「連選者得連任，會計、書記、幹事，隨主任為進退」。由此可見，主任確已獨攬大權，從組織人事的安排、編輯行政、刊物選稿等大小事項

15　柳亞子：《南社紀略》，頁51。

均有決定權，這已徹底改變了社刊的運作型態，而柳亞子也在以後的多次票選中連選連任，造成他與社團密不可分的關係，而《南社叢刻》的編務也因此確實有了較制度化的靈活發展。

　　其實，所謂的「三頭制」也就是編輯委員制，而「一頭制」也就是主編制，類似總編輯的功能，這兩種制度都只與社刊的編務有關而已。「主任制」卻不僅如此，它類似社長一職，可以綜攬社務，包括社刊在內。柳亞子說：「我這時候的主張，以爲對於南社，非用絕對的集權制，是無法把滿盤散沙般的多數文人，組織起來的。我就想進一步的改革，要把編輯員制改爲主任制」[16]。平心而論，南社的成員文人名士的氣息頗重，組織難免鬆散，而社刊的編務推動也一直不上軌道，柳亞子的提議可以收到鞏固組織、強化領導的效果，只不過由於協商過程的意氣之爭，導致橫生波折。至於編委制與主編制，其實可以並行不悖，由各類文稿主編與總編輯彼此間尋找出合理的運作模式，但當時柳亞子等人尚缺乏這種認識。爭論的結果，柳亞子如願出任「主任」一職，在民國3年5月復社後，脫期已久的《南社叢刻》在柳亞子重新投入、加強編務後，一年內密集出版了第9、10、11、12、13、14等六集，雅集活動也如期舉行，社務推動逐漸上軌道。

　　這次的編輯權之爭，對南社的整體發展有著重要的影響，由於事權的統一，南社力量逐漸壯大，並在隨後的反袁運動中展現了火力集中的輿論影響力，《南社叢刻》成爲結合反袁力量的文字基地。對於因反袁而遭殺害的社員如寧太一、陳英士、范鴻仙、仇亮、姚勇忱、楊性恂、吳虎頭、周仲穆等，《南社叢刻》上都發

---

16 柳亞子：《南社紀略》，頁60。

表其遺像、哀詩、挽詩，以示哀悼；此外，社團也積極搜集他們的文稿、詩稿，為他們作傳，編輯遺稿，以表彰其革命精神。可以說，在柳亞子的銳意推動下，整個社務包括社刊的編輯，都表現出旺盛的活力，而這必須歸因於「主任制」的實施。

但是，也正因為社務及社刊的推動，是繫於金字塔式的編輯型態與組織結構，在後來發生的唐宋詩大辯論中，柳亞子濫用了主任一職所賦予的職權，而展開了一場牽扯多家媒體的文學主張傳播戰，這場論戰使大多數社員都捲了進去，最後並導致南社的沒落。論戰的中心是關於同光體的爭辯。南社成員中有姚錫鈞、胡先驌、聞野鶴、朱鴛雛等人是同光體的崇拜者，他們經常發表詩文贊美同光體，推崇鄭孝胥、陳衍、陳三立等人，他們對詩的看法恰與陳去病、柳亞子等人的文學主張背道而馳。陳、柳等人藉指責江西詩派來反駁同光派，認為「政治壞於北洋派，詩學壞於西江派。欲中華民國之政治上軌道，非掃盡北洋派不可；欲中華民國之詩學有價值，非掃盡西江派不可。」[17]這就正式點燃了兩派的戰火。其實，這場文學論戰的背後，代表的是政治立場的對抗。同光體的代表詩人在辛亥革命後以遺老向居，敵視共和，當張勳擁廢帝溥儀復辟，同光體詩人紛紛出場。對此，柳亞子深惡痛絕[18]，因此，柳亞子在《南社叢刻》第 20 集中答胡先驌的詩中說：「分寧茶客黃山谷，能解詩家三昧無。千古知言馮定遠，比他嫠婦與驢夫。」並且開始在《民國日報》的文藝欄上大打筆戰，

17　見《民國日報》，1917 年 6 月 29 日。引自楊天石、劉彥成《南社》，頁 132。
18　柳亞子在〈我和朱鴛雛的公案〉文中說：「我呢，對於宋詩本身，本來沒有什麼仇怨，我就是不滿意於滿清的一切，尤其是一般亡國大夫的遺老們……既不能從黃忠浩、陸鍾琦於地下，又偏要以遺老孤忠自命，這就覺得是進退失據了。」見《南社紀略》，頁 149。

柳亞子與聞野鶴、朱鴛雛你來我往，互不相讓，將《南社叢刻》上的戰火轉移到南社成員主筆政的報紙媒體上。這個現象也是必然，因為《南社叢刻》的編政操在柳亞子手上，自然不可能有反柳的文章出現，所以，另闢戰場使成為聞、朱等人最好的選擇。《民國日報》由於是南社作者的主要陣地，加上經理邵力子、總編輯葉楚傖、副刊編輯成舍我均為南社成員，於是成為這場論爭的主戰場，並且在隨後日益升高的「戰爭」中，戰火波及其他報紙，成為一場大眾傳媒的爭奪戰。

這場原本是文學主張的論戰，由於傳播媒體功能的發揮，編輯角色的關鍵影響，使其成為中國近代多次思想傳播論戰中的一個例證。這之間扮演重要角色的是成舍我，他在編發雙方論爭稿的同時，偏好宋體詩的他一邊又不斷刊載朱、聞的大量詩作，這就很明顯地表明了編輯抑柳揚宋的態度。柳亞子深知此點，寫信給葉楚傖提出批評，葉以總編輯身分要求副刊編輯成舍我暫時停發朱、聞等人的宋詩，成舍我因此捲入這場論戰。幾天後，成舍我將未刊之稿轉給《中華新報》總編輯吳稚暉，吳將這些稿件大登特登，再度引起柳之不滿，要求制止，朱鴛雛因此而在《中華新報》上發表了〈論詩斥柳亞子〉詩詞 6 首，除了繼續捧鄭孝胥、陳三立外，還做人身攻擊地罵柳是「一盲」、「豎兒」、「螳螂」、「廉恥喪」、「狗聲嗥」、「區區蠛蠓」等，盛怒之下的柳亞子，以其南社主任的身分，立即擬了一份開除朱鴛雛南社社籍的廣告，通過葉楚傖在《民國日報》上刊出，與此同時，柳亞子還在民國 6 年 7 月出版的《南社叢刻》第 20 集中以「南社緊急布告」的方式刊出啟事「布告天下，咸使聞知」，並有「附斥朱璽一則」，痛罵了

宋詩派與朱鴛雛[19]。柳亞子在《民國日報》上刊出的廣告,成舍我是經辦人之一,於是他也草擬了一份啓事自費刊出,抨擊柳氏沒有資格驅逐社員出社,要求「似此專橫恣肆之主任,自應急謀抵制」[20]。他認為至此已無「新聞自由」可言,遂宣佈未正式驅逐柳亞子之前,與「現在的南社」斷絕關係。這一啓事一出,柳亞子便如法炮製,仿處置朱鴛雛之法,將成舍我逐出南社。柳亞子回憶說:「不過這事情的發生,已在《南社》20 集出版以後,來不及登到社集上面去,只印了一張單張的東西,夾在社集裡面來分送,後來這單張大家都丟掉了,所以人家只知道鴛雛的公案,而不曉得還有驅逐成舍我的連台好戲呢。」[21]由柳的這些動作看來,意氣之爭確已讓他濫用了「主任」一職的「特權」[22],《南社叢刻》以其社刊的地位,也成為柳運作的基地。事發後,引起支持朱、柳兩派人馬接連不斷的表態、攻訐,如田桐、葉楚傖、胡樸安等 34 人在《民國日報》發表啓事,支持柳之處置;以蔡守為

---

19 「南社緊急布告」如下:「茲有附名本社之松江人朱璽,號鴛雛,又號孽兒者,妄肆雌黃,腥聞昭著,業已驅逐出社,特此布告天下,咸使聞知。中華民國 6 年 8 月 1 日,南社主任柳棄疾白。」由《南社叢刻》出刊日期為 7 月看來,這則布告是臨時加上的。「附斥朱璽一則」較長,佔滿一頁,內容有:「七月三十一日,中華新報有署名朱鴛雛所謂論詩斥柳亞子者,詞既惡俗,旨尤鄙倍……陳三立、鄭孝胥之門徒,乃下劣至此,亦閩派將衰之兆也……」對朱鴛雛也展開人身攻擊式的批評。

20 見「南社社員公鑒」,《中華新報》,1917 年 8 月 8 日。內容大意是:柳亞子因論詩與聞、朱不和,一論唐詩,一論宋詩,於是竟不准《民國日報》刊登,又不許《中華新報》登,如此一來,哪有新聞自由可言?南社是個完全平等的文學社團,柳亞子不過是個書記,不是社長,怎能驅逐他人出社!如此專橫恣肆之主任,自應急謀抵制。有關這段公案經過,參看柳之〈我和朱鴛雛的公案〉及成舍我之〈南社因我而內鬨〉二文,即可知其梗概。

21 柳亞子:《南社紀略》,頁 152。

22 對於這段「失控」的演變,柳亞子事後非常後悔,在〈我和朱鴛雛的公案〉一文中,他明白表示:「這是我平生所很追悔而苦於懺贖無從的事情。」

首的「南社廣東分社」則指責柳亞子，鼓動改選，南社瀕於分裂。從民國 6 年 8 月 14 日至 9 月 15 日，先後有南社社員八批、二百餘人次在《民國日報》發表啓事，繼續這場論戰，導致媒體上充斥了南社內鬨鬥爭的聲音，如此一來，南社元氣大傷，柳也覺得灰心短氣，怏怏然辭去了南社主任的職務，由姚石子接任，南社也因此沒落，最後停頓。

回顧這場前後持續年餘的紛擾，《南社叢刻》上的詩論實爲癥結，成舍我編輯角色的扮演則爲關鍵，最後回到社刊上的驅逐啓事則是引爆點。不可否認的，唐宋詩之爭在當時也有革命派與遺老派在政治上的對壘意味，但根本衝突仍是文學主張的殊異，而傳播媒體編輯人的介入與園地的爭奪，是使這場論爭擴大的外因。《南社叢刻》從最初扮演向封建勢力開火的前進基地角色，一變爲爭奪文學主張發言權的角力場，再變爲大眾傳媒體系中的爭權陣地，這種演變，同時忠實反映了該文學社團崛起、壯大到沒落的歷史發展。從組織內部的編輯權之爭，到外在傳播媒體的利用、互動，《南社叢刻》提供了一個觀察與解釋的角度。其實，同光體與南社的爭戰，如從傳播媒介上看，同光體作家的作品雖然有很大一部分發表在報刊上，但兩者之間並無必然的聯繫。

南社則不同，其成員大部分直接主辦報刊，也善於利用此一新的媒介形式，因此，在傳播戰上，結構鬆散的同光體很難與之抗衡，只不過，情勢的發展最後演變成南社成員自己的內鬨，在一定程度上模糊了原本詩論歧異的焦點[23]。

---

23 在陳伯海、袁進主編的《上海近代文學史》（上海人民出版社，1992）一書中，認爲如果將二者加以比較，似乎過去的文學史都是對同光體作家持批判態度，對南社比較肯定其進步作用，但是，在實際上，兩者都同樣走向衰亡

　　《南社叢刻》在柳亞子撒手不管後，姚石子自費請傅熊湘、陳去病、余十眉等人編輯出版了第 21、22 集，此後南社活動就停止了。然而，也許是柳亞子在社中地位的深受肯定吧，自他辭去主任職務後，稿件仍源源不斷寄到他那裡。基於對南社無法割捨的情感，他將來稿精心整理，請人謄寫，又親自校勘，加上標題，編成《南社叢刻》第 23、24 集未刊稿，一直沒有印行，直到 1994 年 4 月才在列入國際南社學會發行的南社叢書中出版[24]。其作大約成於民國 7 年前後，在內容上有不少關於革命史料的文章，如 23 集後之附錄一，有〈癸丑後陳英士先生之革命計畫及事略〉、〈肇和戰役實紀〉、〈追悼陳英士先生及癸丑以後殉國諸烈士大會記〉3 篇；附錄二則是追悼犧牲社員寧太一、吳虎頭、鄒子良等八人的文章；附錄三是〈雲南舉義實錄〉，堪稱第一手的革命文獻。和前 22 集相比，在內容上並無太大不同，依然保有其抨擊時政、追悼烈士的特色，倒是在形式上這兩集都只有文錄、詩錄兩類，詞錄一欄從缺，不知何故。這兩集的未刊稿，是柳亞子未了的心願，如今得由其哲嗣柳無忌先生推動成立的國際南社學會編印出版，算是完成先人遺志，而《南社叢刻》至此也應該真正完整地走入歷史，成為近代文學史上的一項豐富遺產，留待後人挖掘、研究了。

的一路。而且在兩者之間，南社相對衰亡得更快，經過這場論戰後，南社活動停頓，其文學主張也不再具有強烈的影響力，但同光體在舊詩領域仍一直保持著相對程度的影響力。就這一點來說，南社社員彼此間的內鬨確實對此一團體造成極大的傷害。

24 國際南社學會成立於 1889 年 5 月 4 日，秘書處設於香港，除發行《通訊》外，也出版南社叢書，每套 10 種，目前出到第二套。這本由馬以君點校的《南社叢刻第 23 集、第 24 集未刊稿》是由北京社會科學文獻出版社 1994 年出版。

五、結　語

南社在鼎盛時期，曾出現許多分支機構，如浙江的越社、瀋陽的遼社、廣州的廣南社、廣東分社（粵社），及湖南的長沙分社、上海的又雲社、鷗社、南京的淮南社及國學商兌會等，結合了不小的革命力量，透過各分社的活動、宣傳，南社的影響力也日增。這些分社的創社宣言都在《南社叢刻》上發表，如陳去病的〈越社敍〉刊於第 4 集，姚石子的〈淮南社敍〉刊於第 5 集，陶牧的〈遼社發刊詞〉、謝華國的〈南社粵支部敍〉等也都在社刊上發表過。這些或隸屬南社，或由南社社友組織的平行團體，都在一定程度上增強了南社的對外傳播力量，而他們所創辦的一些刊物，如《越社叢刻》、《國學叢選》、《南社湘集》等，也在形式上模仿《南社叢刻》，可視爲《南社叢刻》的姊妹刊物。

由於《南社叢刻》印數不多，沒有多久即無處購求，成爲絕版刊物。胡樸安爲了彌補此一缺憾，便於民國 13 年春編刊了一套 12 冊的《南社叢選》，編排和《南社叢刻》同一格式，由上海國學社刊印。胡樸安因自己所藏的《南社叢刻》缺第 1、2 集；所以他所編的《叢選》是從第 3 集起，實不無遺憾。其內容也是分文選、詩選、詞選三類。較別出心裁的，是在每一作者的姓名下都附有小傳，這是《南社叢刻》所沒有的。這套書的出版，使《南社叢刻》得以持續其影響力，不因絕版而消失，因此，傅熊湘在書前的序言中說：「是南社得柳而大，得胡而長也。」[25]另外，柳亞子也將《南社叢刻》重新編選，出版了《南社詩集》6 冊、《南

---

25 胡樸安編《南社叢選》，收入沈雲龍主編：《近代中國史料叢刊》第 3 輯（台北：文海出版社），分 3 冊印行，傅序收於第 1 冊頁 8。

社詞集》2冊，於民國19年由上海開華書局出版，但《南社文選》則一直沒有刊行。這些重編的選集都以作家為主，將其作品合攏在一起，對《南社叢刻》而言，確有其內容系統化、編排清晰的優點，更重要的，是《南社叢刻》的生命因此而得以流傳下來。

　　南社的活動力在民國12、13年時突然消退，固然與上述之社員內鬨有必然的關係，其實，還有另一重要的原因，即新文化運動的風起雲湧，白話文的書寫成為時代不可倒流的大勢所趨，而南社諸人在思想前進的過程中相對落伍，造成其難以阻擋的沒落命運。對這一點，柳亞子事後也承認：「追求南社沒落的原因，一方面果然由於這一次的內鬨，一方面實在是時代已在五四風潮以後，青年的思想早已突飛猛進，而南社還是抱殘守缺，弄他的調調兒，抓不到青年的心理。」[26]至於文言白話之爭，以柳亞子為例，最初也「熱烈的反對過」，後來才漸漸「傾向到白話文一方面來」，而且，促使他轉變的因素中，人的因素要大於文學因素，而南社社員中反對新文化的仍居大多數[27]，這一點恐怕才是終結南社命運的最主要原因。也因此，柳亞子等人成立新南社，在發行的《新南社社刊》中完全用白話文，與《南社叢刻》形成強烈的對比。從《南社叢刻》到《新南社社刊》，除了代表一個文學社團的歷史演變外，也說明了他們所對應的文學社會與時勢所趨。

---

26 柳亞子：《南社紀略》，頁153。

27 見柳亞子〈新南社成立布告〉：「新文化運動發現之初，文言白話的論爭，盛極一時。我最初抱著中國文學界傳統的觀念，對於白話文，也熱烈的反對過：中間抱持放任主義，想置之不論不議之列；最後覺得做白話文的人，所懷抱的主張，都和我相合，而做文言文去攻擊白話文的人，卻和我主張太遠了，於是我就漸漸地傾向到白話文一方面來……但舊南社的舊朋友，除了少數先我覺悟的外，其餘抱著十八世紀遺老式的頭腦，反對新文化的，竟居大多數。那麼，我們就不能不和他們分家，另行組織。」見《南社紀略》，頁101。

　　一共 22 集的《南社叢刻》，不論是其中的文學內容或革命史料都極豐富，值得探討的議題尚多，本文僅從其與外在文學傳播媒體的互動，以及其內部的編輯型態來討論，一方面藉此觀察這份刊物的形式與內容，一方面也藉以呈現這個文學社團的歷史發展。在中國近代文學發展史上，南社有其一席之地，可惜過去相關研究不多，直到國際南社學會成立，「南學」的研究才稍受重視，期待會有更多的研究人力投入此一行列。

《新南社社刊》述評

一、前　言

以「研究文學，提倡氣節」爲宗旨的南社，是中國近代文學史上一個重要的文學社團，它是由柳亞子、高旭和陳去病三人發起，宣統元年（1909）在蘇州虎丘正式成立。起初會員只有二十餘人，辛亥革命時，增至二百餘人，辛亥革命後更激增至千人以上。但是，民國成立後，他們革命反清的目標已失去號召力。五四新文學運動的發生，白話文的興起，他們在文壇上領袖風騷的地位迅速被取代。加上社員眾多，魚龍混雜，甚至意見分歧，內鬨蜂起，遂於民國12年因沒落而解體。

在南社日趨停頓之際，幾位南社舊成員結合了新成員，成立「新南社」，希望能在新文化運動的大勢下，與時代相對應，引納新的世界思潮，致力於成爲民眾的代言人。可以說，南社的沒落命運肇因於新文化運動，而新南社的崛起也是新文化運動所影響下的結果。雖然它只有年餘就瓦解，但和舊南社相比，它確實是

向前邁進了一步，這一點從他們發行的《新南社社刊》中可以得到具體的印證。

由於種種原因，過去海內外對南社及其社員的研究都十分貧乏，造成這方面在中國近代文學史的研究幾乎是個空白。近年來，大陸方面已開始重視此一重大課題，相關研究日漸增多。而且，有關的紀念及研究會也相繼成立，如上海成立了南社研究會和南社聯誼會，江蘇省吳江縣已建立柳亞子故居紀念館，中國南社與柳亞子研究會於 1990 年 11 月 13 日在北京成立，廣東南社研究會於 1992 年 6 月 14 日成立。更重要的是，國際南社學會於 1989 年 5 月 4 日成立，秘書處設在香港，不論在南社資料的整理、挖掘，相關著作的出版或研究人力的整合凝聚上，都有著可觀的成績展現，可以說是目前最具活動力、而且研究成果最豐碩的研究團體。這個由柳亞子哲嗣柳無忌發起成立的學會，會員已遍佈包括台灣、香港、新加坡、馬來西亞、日本在內的亞洲、歐洲、北美、澳洲，這是南社研究的可喜發展。台灣部分，相形的研究成果比較薄弱，除了不多的概述性文章外，較有系統的研究僅有陳香杏的碩士論文《南社研究 —— 以思想層面為主》（台灣師範大學歷史研究所，1993），此外，只有少數南社成員的個別研究。整體來說，有關南社的研究仍屬起步階段，特別是有關新南社的研究，因其壽命甚短，加上《新南社社刊》的不易搜見，一直未見有較深入的研究成果出現。在整個南社歷史的發展上，它經常是被視為尾聲餘韻，往往一筆帶過。其實，它仍有其不可忽視的研究價值。本文將以《新南社社刊》為論述主體，作較深入的分析，以此看出南社成員在舊南社沒落時的自處之道，如何與當時風起雲湧的新文化熱潮相對應。雖然，《新南社社刊》僅發行一期就停刊，

但就是這一期，使我們了解了南社向前發展的一個面向，也看到了當時知識分子對國是的憂心與尋找出路的努力。

二、新南社的歷史發展

要探討《新南社社刊》，必須先說明新南社的歷史發展。

新南社是民國 12 年（1923）10 月 14 日成立，而舊南社在該年 12 月還出版了由陳去病、余十眉編，姚光印行的《南社叢刻》第 22 集，所以，它可說是在舊南社沒落之際誕生的。新南社社長柳亞子在《南社紀略》一書中，提到早於該年 5 月時即已著手發起，八位發起人是：柳亞子、葉楚傖、胡樸安、余十眉、邵力子、陳望道、曹聚仁、陳德徵。其中前五位是南社舊社員，後三位則是新加入，而且都是新文化運動方面的人。除了柳、余二人外，其他六人都在《民國日報》工作，因此柳亞子說：「新南社是以《民國日報》爲大本營的」[1]，這和南社以上海愚園爲主要活動地不同。

成立之前，葉楚傖寫了一份〈新南社發起宣言〉，提到新南社的使命是要「追隨著時代，與民眾相見」，而其途徑則是「國學整理和思想介紹」。在這個基礎上，他強調新南社將對世界思潮「誠實而充分的向國內輸送」，並「十分誠意願和別的團體的伴侶合作」[2]。除宣言外，還有一篇〈新南社組織大綱〉，後改爲〈新南社條例〉，其中明訂新南社的宗旨有下列五點：（1）整理國學；（2）引納新潮；（3）提倡人類的氣節；（4）發揮民族的精神；（5）指示人生高遠的途徑。由此可知，新南社並未放棄舊南社的原始精神，

---

1 見柳無忌編：《柳亞子文集：南社紀略》（上海：上海人民出版社，1983），頁 91。
2 同上註。

依然強調氣節，也主張整理國學，但它也頗能因應新文化運動的大潮流，注意新思想的鼓吹。在這篇後來刊於《新南社社刊》的〈條例〉中，對社團的組織也有所規範：「本社設社長一人，總攬社務，由社員投票公舉，任期三年，連舉得連任。編輯主任三人，幹事二人，會計一人，書記一人，都由社長委託，任期和社長一律。」在這項規定下，成立當天宣布了社團人事安排：社長柳亞子，編輯主任邵力子、陳望道、胡樸安三人，幹事葉楚傖、吳孟芙、陳布雷三人，比原先規劃多出一人。會計胡樸安，書記余十眉。新南社的組織至此完全確立。新南社的「新」，是相對於舊南社而言，它也的確在思想鼓吹上表現出一番新的氣象，但作為一個文人社團，它在活動上沿襲了舊南社的型態，特別是〈條例〉中明訂每年雙五節、雙十節的聚餐，正是舊南社春秋雅集的翻版。在組織型態上也完全照舊南社既有的規定。唯一有較大不同的是社刊的編排：舊南社的《南社叢刻》分文錄、詩錄、詞錄三類；新南社的《新南社社刊》則不加分類，其間的差異在後面再加以詳述。

　　當組織架構完成後，柳亞子原本寫了一篇〈成立宣言〉，但因其個人色彩太重，葉楚傖認為不像團體的宣言，於是改成〈新南社成立布告〉，收於柳氏《南社紀略》一書。在這篇布告中，主要是談南社的衰敗原因，他對文言白話之爭的態度，以及他對新南社宗旨的個人看法。在其敘述中，又可看出所謂的「新南社」確實是不脫新舊雜陳的過渡色彩，例如他說：「新南社的成立，是舊南社中一部分的舊朋友，和新文化運動中一部分的新朋友，聯合起來，共同組織的。」可知此一社團的成員原本就是有新有舊，在新舊收存的現實下，自然產生看法分歧的現象。柳亞子說：

　　新南社宗旨的條文，是幾個發起人共同擬定的，但是對於

　　第一條整理國學，我現在卻有一點懷擬，國學有整理的價

　　值嗎？整理好了，能有好影響給思想界嗎？我很贊成某某

　　先生「牛糞裡尋香水」的一句話，覺得恐怕徒勞而無所獲

　　呢！但學問是嘗試的，我們社裡，有多少喜歡研究國學的

　　人，讓他們去嘗試一下子也好[3]。

由此可見，新南社的成員在宗旨上並非立場一致。又如第五條「指示人生高遠的途徑」，柳亞子認為「是某君主張加入的」，「和我們趨向很不同」，「所以某君的玄妙高上底主張我不能理會得」。一個某君的看法竟成為一個社團的共同宗旨，柳氏雖不贊成卻並未改變，充分說明了新南社的妥協性與爭議性。新南社的社員數目遠不及南社。民國12年11月，新南社通訊錄出版，從柳亞子到何凝冰共有153人，至13年2月又增加了59人，共212人。爾後陸續有人入社，確切數字已無法查明。柳無忌根據柳亞子的校訂本再增補成〈新南社社員錄〉，共有230人[4]。這是目前已知最多的人數，其中舊南社社員約佔一半。

　　新南社不像南社在定期聚會上的慎重其事，而是以聚餐為主，並且不普遍發通知，出席者多為上海方面的社員而已。南社共舉行十八次雅集，新南社則舉行三次聚餐，不過也仿南社舊例，餐後有攝影留念。第一次聚餐是民國12年10月14日的成立大會，地點在上海福州路小花園都益處菜館，拍了一張照片，背面寫有出席者38人；第二次是民國13年5月5日，地點相同，三十餘人出席，也有拍照；第三次是該年的雙十節，地點則在上海

---

3 柳無忌編：《柳亞子文集：南社紀略》，頁102。
4 這份社員錄收於《南社紀略》之附錄，頁233至235。

南京路的新世界西餐部，餐畢又拍了一張 37 人的團體照。此後就沒有再舉行集會，而新南社也從此漸趨停頓了。新南社的壽命極短，自正式成立至社務停頓僅有一年，這主要是主其事者多有他務在身，無法專心經營，再加上當時局勢混亂，孫傳芳、段祺瑞、張作霖、曹錕、吳佩孚等軍閥相互鬥爭不已，影響了社務的發展。如柳亞子在給蔣慎吾的一封信中就總結說道：

> 經此一番刺激，我們知道運動軍閥和掉書袋都沒有用處，要革命非喚起民眾不可，於是毅然替方新的中國國民黨努力，連新南社也丟在九霄雲外了，這便是新南社停頓的真原因[5]。

據楊天石、劉彥成撰《南社》一書，提到民國 14 年 3 月 12 日國父逝世時，各地舉行追悼大會，新南社還曾送了一副輓聯：「薄華盛頓而不為，何況明祖；於馬克思為後進，庶幾列寧。」他們認為這是關於新南社活動的最後紀錄[6]。

正如柳亞子所言：「新南社的生命很短促，不過他的意義卻是值得紀念的」；「無論如何，新南社對於南社，總是後來居上的」（《南社紀略》，頁 109），這些話應屬公允。新南社的出現在近代中國歷史舞台，象徵了舊南社中一股因應時局、力求突破的創新精神。當然，這種求新求變的精神，是整個時代的大勢所趨，新

---

5 柳亞子所謂的「一番刺激」，是指當時正是孫、段、張締結三角同盟對付曹錕、吳佩孚的時代。江蘇督軍齊燮元屬於曹、吳一派，浙江督軍盧永祥和淞滬鎮守使何豐林則屬段祺瑞一派。在齊盧戰爭中，新南社是希望盧能打倒齊，於是柳亞子和陳去病就開始組織江蘇民治建設會，想在上海有一番作為。不料孫傳芳從福建打過來，盧永祥和何豐林都逃走了，柳、陳等人也只好偃旗息鼓。由於這件事，柳才覺得「運動軍閥」沒有用處，這封信收於《南社紀略》，題為〈關於新南社及其他〉，頁 161 至 163。

6 楊天石、劉彥成：《南社》（北京：中華書局，1980），頁 146。

南社的成員也只是順勢而進，並非有石破天驚的創舉或揚起風潮的言論，但在當時各種思想言論充斥、新舊勢力角逐激烈的情況下，他們能不逆時流，與時並進，已屬難得。《新南社社刊》作為新南社的代表刊物，正具體而微地表現了這種前進的努力。

三、《新南社社刊》的編輯組織型態

在〈新南社條例〉中，原本即有出版刊物的規定：「本社出版物分兩種：（一）《新南社月刊》（二）《新南社叢書》。體裁用語體文。組識法由編輯主任規定。撰述人除由編輯主任向社員中延訂外，社員都可以自由投稿。」以此為基礎，隨即又制訂更詳細的〈新南社編輯部組識法〉：

1、本社出版物，遵照本社條例，分為《新南社月刊》、《新南社叢書》兩種。

2、本社出版物，遵照本社條例，統用語體文。

3、月刊定 13 年 1 月出第 1 卷第 1 號，內容不拘門類，不分譯撰，唯以美善為主。

4、月刊撰述員，由編輯主任向社員中延訂，或每月擔任作品，或間月擔任，須有負責的承認。

5、社友對於月刊，都可以自由投稿。

6、月刊另闢讀者論壇一門，對於非社員投稿，一律歡迎。

7、編輯主任對於社員、非社員作品，都有去取和修改的權利。倘有不願修改的，須預先聲明。

8、月刊稿件，無論登載與否，概不檢還，要檢還的，也須預先聲明。

9、月刊送社員，每人一冊。有作品的可以酌量多送，但至

多不得過十冊。餘下的概作賣品。

10、叢書出版無定期，內容不拘門類，不分譯撰。

11、叢書的稿子，由社員自由擔任，經編輯主任審定後付
印。

12、叢書出版後，每千部送本書著作者一百部，其餘概作
賣品。

13、社員對於叢書，要購閱的，一律繳費。

14、編輯主任三人，推定一人負責，餘二人輔助之。

（附則）稿件請寄上海《民國日報》邵力子 —— 第一
屆負責的編輯主任。

這個編輯事宜的安排，不論是月刊或叢書，都有明確的功能劃分
與出版規定，然而，組織雖完善，執行的過程卻狀況頻傳，原本
的雄心並未得到充分的發揮。在叢書部分，因邵力子辦《民國日
報》事情太忙，撰稿的社員又少，因此叢書計畫根本沒有實現，
一本也沒出；至於月刊，也只出了一期，按編輯部組識法應該在
13 年 1 月出版，卻遲至 5 月以後，加上又沒有繼續出版的把握，
遂把月刊改成《新南社社刊》。就這樣，這本代表新南社時期唯一
的刊物，就在命運未卜的情況下出版了。不過，刊物目錄仍註明
是「新南社第一期」，可見成員仍有持續出版的企圖。

令人不解的是，柳亞子的《南社紀略》、鄭逸梅的《南社叢談》、
陳香杏的《南社研究》等書，對〈條例〉或編輯部組織法中所言
的社刊前身都是《新南社月刊》，而筆者手中的《新南社社刊》（藏
中國國民黨黨史會）在刊物末頁附有〈新南社條例〉全文，卻註
明是《新南社季刊》，其餘文字與上述諸書皆同。當然，鄭、陳二
人的資料均引自柳著，這在他們的敘述中已有交代，所以，柳著

何以寫成「月刊」令人費解。筆者以為，應以「季刊」較合理，因為在最早的〈新南社組織大綱〉中已提到出版物將分兩種：新潮季刊、國學季刊。可見最早是以「季刊」的型態在規劃的，修政成〈新南社條例〉時被改成《新南社月（季）刊》與《新南社叢書》。以當時的人力、財力，和過去南社時期編印《南社叢刻》的經驗來看，他們恐無此能力出版月刊，即使是季刊都顯得左支右絀，必須勉力而為才行。當然，也有可能在制訂〈條例〉時，成員信心勃勃地想每月定期出版，事後才發現不易做到，遂在出版第一期時，不僅改刊名，而且將月刊改成季刊。對這一點，柳亞子並未提及，因此，若不是柳亞子記錯，就是刊物登載有誤，有待進一步查證。

雖然邵力子因為事忙而耽擱了社刊的編輯工作，但畢竟是出版了。這本薄薄一百頁的刊物，封面請馬君武題字，內容方面除最前的目錄與最後的條例外，共刊載了 12 篇文章、9 首詩，下一節將加以詳述。條例之後是一則「介紹書報」的小廣告，共介紹了《民國日報》、《新建設雜誌》、《新民國雜誌》、《中國青年週刊》、《中國國民黨週刊》、《社會科學講義》、《嚮導週報》、《新青年季刊》等八份當時以介紹新思潮為主的報刊，互相宣傳、奧援的意味濃厚。與廣告同頁的是版權頁，寫著「編輯兼發行者：新南社；代售處；上海民國日報社及各大書坊；本刊定價每冊大洋二角。」之所以以民國日報社為代售處，乃因新南社成員有多人在此任職，是新南社的大本營所致。

基本上，新南社的組織法已觸及刊物宗旨、文字表現、投稿及審稿、退稿規定，也對刊物內容方向、作者與媒體的互動關係（包括權利與義務）都作了精簡的說明。從《新南社社刊》中，

我們可以看出其成員的編輯理念及其訴求的目標實踐，雖然缺乏長期的檢驗機會（事實上，歷史的迅速發展，也讓他們在尚未站穩腳步時就必須做下一步不同的選擇，因應新形勢而另謀新的出路，從某個意義上說，歷史也沒有給他們機會），但仍可窺其一斑，找出線索。以下就針對刊物的內容作細部的分析。

四、《新南社社刊》的內容述評

正如條例所言，社刊的內容表現，在文字媒介上是白話文、白話詩，在主題上是新思想的介紹，以美善的人生理想爲追求的目標，而且也不分譯撰，兼容並蓄，給人耳目一新之感。12 篇文章，9 首詩，一方面在思想上表現出引納新潮的用意，一方面在文學表現上顯示出白話文運動的直接影響。在當時諸多的「新」刊物中，這部社刊不落人後地爲這場文體的大變革、思想觀念的多元化，盡了它在近代中國文學史、思想史發展上的一份心力。

首先，我們來看這 12 篇風格殊異、題材豐富的文章。

（一）沈玄盧〈最近的新俄羅斯〉

這篇文章有一附題：「從莫斯科寄回來的四封信」，說明了此文的結構是分四段各自獨立的形式，但在內容上卻又是緊密聯屬。沈玄盧於民國 12 年 9 月抵達他心中「世界革命的中心地」莫斯科，住了 75 天。這四封信分別是他於 10 月 10 日、17 日、11 月 8 日、9 日所寄。第一封信是介紹俄國的共黨、紅軍之組織、特色，認爲其黨員犧牲奉獻的熱情令人敬佩，因此，「俄國將來的成就，斷非現在所能想像的。」而黨軍一體的情況，在他筆下更有著肯定的憧憬；其次又介紹俄國的經濟、社會現狀，對當時竭

力發展農業和電氣事業的政策，他認爲這是在「走必定應當這樣走的路罷了」。他甚至說：「凡是反對紅俄、指摘紅俄的，不是自欺的宗教家，便是帝國資本主義者底奴隸」，可見他對當時俄國實施的共產制度深信不疑。第二封信集中談農村的改變，認爲當時的政府是代表農工利益的政府，所以極爲關心農民，在他眼裡，「農民生活狀況，和桃花源裡人無所軒輊」。第三封信是敘述俄國軍隊的過人之處，特別是不分階級，積極求取新知的風氣，令他印象深刻，而發出讚歎之語：「共產主義能夠建設國家，在這個人慾橫流的世界中間，真好算是一椿奇事。」第四封信則是探討了工場的管理、工人、生活狀況、出品，依然是多所肯定。這些信件篇幅甚長，將他所見當時俄國的「新貌」透過書信介紹給國人。

（二）沈玄廬〈留別留俄同志們的一封信〉

這篇長度僅次於上文的書信體文章，傳達的仍是對共產主義的嚮往，強調共產主義「大成功的日子，就是人類永遠弭兵的日子」，而中國將是「最後兩階級鬥爭的最大的戰場」。他對袁世凱與外國勢力結合危害中國之舉大加抨擊，並對美國、日本的壓迫中國表達強烈的反感，他說：「許多青年學生，對於張牙舞爪強盜式的日本，有一部分覺察了，而對於和言悅色騙賊式的美國，居然還當它是個好人。」在列強與軍閥勾結，中國淪爲魚肉、且將亡國的憂慮下，他認爲「斷沒有別的生路可尋」，只有「非革命不可」。最後他勉勵留俄同志們「知識是戰鬥的武器，知識是生活的工具」，大家應「切實地用功，誠實地說話，認真地做事」。值得注意的，是他在文中將中國國民黨、共產黨、社會主義青年團三個團體並立，認爲這是「中國唯一的一線命根」，因爲他們敢於向

帝國主義列強和所豢養的軍閥鷹犬作戰，並且呼籲他們不要「四分五裂，互相猜忌」，要認清「中國底公敵」，互相合作。

（三）邵元沖〈英國的新村運動〉

邵元沖是浙江紹興人，中國同盟會會員，曾任立法院副院長、代理院長。他於民國 12 年 10 月赴英考察新村運動的規劃後撰成此文，介紹了英國新村運動的緣起、目的、成就和各項建設，最後道出自己的看法。他原本覺得新村事業在中國有提倡的必要，但仔細深思後，他認爲這種組織有三項缺點：（一）這只是消極的少數人找一塊清淨的地方，來度他們較安舒的生活，這絕不是廣義的度世主義，而只爲狹義的自救主義；（二）能移居到這種新村中的人，是比較有一點資產的，無產階級則沒有本錢租地及造屋，享受不到這種新村幸福；（三）英國的新村運動只謀機械式的科學式的改良都市生活，對於現代的經濟組織，並未從根本上改造，故不可能有新社會實現的可能。基於這些缺失，他的結論是「新村運動者只是社會改良家，而不是社會主義者」，所以，「辦法雖可採取，主張還須徹底」。由此可知，他並不反對在中國實施新村運動，但他認爲更根本的辦法是徹底實行社會主義。

（四）劉伯倫〈中國的亂源〉

劉伯倫對當時所謂「農村立國」的主張表示反對，認爲中國的貧弱擾亂，是由於實業不發達，而實業不發達的最大原因是帝國主義的侵略。中國的手工業敵不過機械工業的競爭，造成大量失業者，不得不淪爲兵匪，最後出現軍閥割據的局面，於是就有了反抗軍閥的民主革命運動。一旦民主革命運動成功，必然建立

主權完全的民主政府，採用保護本國實業使它發達興盛的政策，這將不利於帝國主義，所以帝國主義者就想幫助軍閥，不使民主政府實現。這是本文的主旨，完全在抨擊帝國主義的侵略，語氣激昂。

（五）李未農〈精神分析底意義歷史和學說〉

正如題目所顯示的，此文介紹了在歐美的心理學說中尚屬新學的精神分析說，從它的意義、歷史發展到主要的學說都作了精要的說明，尤其是介紹了傅勒得（一譯佛洛伊德）的《精神分析通論》和庸格（一譯榮格或楊格）的《無意識底心理學》中的幾個重要觀念如無意識、意欲等，特別是當時尚稱驚世駭俗的「性欲說」。他詳細說明傅勒得的主張：「意欲中最強的一個，要算是性欲，被抑制最烈的也是性欲，精神病底癥候和無意識的作用大半多與性欲有關係」。這種學說對當時中國來說毋寧是新鮮而大膽的。

（六）陳德徵〈詩人拜輪底百年祭〉

作者以無比的崇敬和熱情的筆調，對拜輪（一譯拜倫）的詩藝及其獻身革命的精神大加表揚。文章開始先介紹拜輪的生平事蹟，然後稱讚他的出眾性情：「拜輪底天性是堅強的，他覺得世界上除自己底熱情和憂鬱外，再也沒有別的東西更有滋味了。因為他自己對他那熱情和憂鬱這樣有味，而且因為他有那堅強的力量，我們稱他為天才……熱情的、自我底意志極強盛的拜輪，在全歐、也許在全世界，是一個出色的詩人呀！」最後，他說：「我愛拜輪，更崇拜他作品中所表述的革命的力量，在他死後的一百

年，我也不得不拿我底熱情和我底傲骨，向他底靈魂獻祭。」這裡主要是對拜輪死於幫助希臘人獨立的戰爭的行為，表達由衷的敬意。在他心中，拜輪的人品和詩藝都值得中國人學習，甚至膜拜的。

（七）胡懷琛〈中國詩歌實質上變化的大關鍵〉

此文不從詩歌的形式立論，而是探討詩歌在實質上的變化。他認為可分五個時期來說明：（一）純粹黃河流域的風氣，詩的實質只是溫柔敦厚的感情，可以《詩經》為代表；（二）是黃河流域思想和長江流域思想接觸時代，詩的實質加上南方神秘幽怪的故事，以《楚辭》為代表；（三）是漢族與匈奴接觸時代，又加入北方粗豪雄壯的氣概，蘇武李陵以後的詩就有這種氣概；（四）是老莊學說盛行的時代，加入了道家玄妙高尚的思想，晉以後人的詩即有此思想；（五）是中國人與印度人接觸的時代，加入佛學覺悟解脫的見識，南北朝以後人的詩即有此見識。胡懷琛各舉詩例說明五個時期的特色及其不同。他並強調，這種變化自唐以後便停頓了，沒有什麼東西加入，直到最近和歐洲文學接觸以後才再發生變化，但將來的變化會如何，他則不敢預測。

（八）高爾松、高爾柏〈加納博士底婦女參政運動論〉

加納博士（D.J.W.Garner）是當時負有國際盛名的政治學者，他的政治理想是主張極端的民治，所以他對婦女參政是持完全贊成的態度。本文是高氏兄弟根據他的《政治學大綱》一書中有關婦女參政部分的理論翻譯重寫而成，從婦女參政運動的發生談起，敘述了英國、英領屬地和美國的婦女參政運動，再說明其有

關理論，包括正、反面的不同意見，加納博士的理論在此有精要的介紹。在贊成意見方面，加納提到四點：（一）公民權利的決定，是在道德和智慧上，不在生理的區別；（二）婦女要求參政權的目的不是要治理人家，而是要藉此抵禦以前被男性臣服時代所訂立的許多不平等待遇和一切不合理的立法；（三）政治權的解放應隨公民權的解放而並行；（四）婦女參政可使公眾生活變得純潔而優美。至於反對的意見也有四點：（一）破壞女子特有的稟性；（二）破壞夫婦感情；（三）婦女不能從事兵役，所以不該有參政權；（四）多數女子不願意投票。對這四點，加納也一一加以反駁，最後得出「婦女參政的理由是很正當而明亮」的結論。本文全是加納的理論譯介，高氏兄弟做了忠實而簡要的宣傳。

（九）黃懺華〈哲學概說〉

黃懺華，原名燦華，廣東順德人，曾任立法院法制委員會秘書，是舊南社社員。他寫此文的動機是認為：「哲學並不是什麼幽玄的思想，哲學研究也並不是什麼幽玄的思想家底專門事業，實在可以說得是人人都有一點，而且人人都要一點」，於是他就從形式、方法、對象三方面，去觀察哲學的性質，得到一種簡單的定義就是：「哲學是拿滿足給全人性底各種要求，又拿萬有全般做對象的普汎的科學。」

（十）柳無忌〈譯蘇曼殊潮音序〉

柳無忌是舊、新南社社長柳亞子的公子，江蘇吳江人，耶魯大學博士，民國 35 年赴美講學，歷任耶魯大學、匹茲堡大學、印第安納大學教授。在印大時創辦東亞語言文學系，退休後為榮譽

教授。柳氏對蘇曼殊有獨到精深的研究，曾編著《蘇曼殊全集》
（與柳亞子合編）、《蘇曼殊年譜及其他》等書。本文是他翻譯蘇
曼殊所做的《潮音》英文自序，內容是介評英國兩個大詩人拜輪
和師梨（一譯雪萊）的人格、作品的不同風味，精準而明確。例
如說：「師梨的戀愛在他的思想中，拜輪的戀愛在他的動作中，是
真正的愛著。」一語道出兩人在性格上的不同。文末還附有師梨
的詩〈愛的哲學〉，原詩見《潮音》，但柳氏認為詩沒譯好，遂把
它補譯出來。拜輪的詩也附一首〈留別雅典女郎〉，在《潮音》上
也有譯文，不過是文言文，於是柳氏重譯成白話，詩中洋溢著熱
烈的情感。

（十一）徐蔚南譯〈一張畫的悲思〉

　　本文是日本作家國木田獨步所作，徐蔚南將之從水戶部茂野
的英譯本《獨步短篇小說選集》中重譯出來的。小說的內容是敘
述兩個在繪畫藝術上有天分的小孩，彼此間由競爭轉而相知相勉
的一段故事。其中對人物的性格刻劃、兒童心理的掌握、命運的
無常變化等都有不錯的技巧呈現。從一張畫與一個天才藝術家的
早夭為主軸，給人留下對人性、時代的深刻印象。徐蔚南原名毓
麟，江蘇吳江人，曾任上海市通志館編輯主任。

（十二）徐蔚南譯〈讚劍〉

　　這篇文章是比利時人梅特林克的原著，徐蔚南的翻譯有些生
硬。題為論劍，其實主要是探討神的判斷與法律的保護，認為一
旦人間的正義成了啞子，宣告自己的無力時，我們只有訴之於昔
日神的判斷。至於社會在法律上的保護則十分軟弱。因此，我們

「要記著我們是強食弱肉的、互相爭鬥的動物」,對於自然賦予我們的「原人的性質」不應放棄。換言之,全文對神與法律都持一種質疑的態度,而主張以「劍」—— 人的原始本能來面對人間的善惡。他甚至說:「如果一旦我們完全沒有了復仇心、疑心、憤怒、獸性、爭鬥心以及種種別的差誤,那便是我們的大禍吧!」徐蔚南之所以翻譯此文,應與當時達爾文的「物競天擇」說傳入中國,引起一陣討論熱潮的影響有關,這篇文章正是宣傳這種新思潮的相關學說之一。

除了以上這 12 篇文章外,社刊後面 12 頁所刊的是白話詩 9 首,有譯稿,有創作,像劉大白的三首詩就是白話詩萌芽時期的佳作。《新南社社刊》之所以成為鼓吹新文化的一份期刊,這些在內容、形式上都與新時代相呼應的作品,是其明顯的標誌之一。以下略加介紹。

(1) 呂天民譯〈社會不平鳴〉

這是一首詞意淺白卻寓意探刻的詩作,原作者不詳。詩分三段,分別諷刺了軍官、豪富及大資本家,以直陳社會的不公不義為詩的主旨。首段言上將少校之胸旁有光煌之物,看是「文虎之勳章」,實為「士兵之頸血與腦漿」;次段敘寫宦門姬妾之鬟有光昭之物,看是「生髮之香膠」,實為「平民之血汗與脂膏」;末段寫大資本家的玻樽中有溫溫之光,看是「美酒之香檳」,實為「工人之血點與淚痕」。三段句法結構相同,的確是一針見血地道出下層人民的悲憤心聲。呂天民字旭初,雲南思茅人,中國同盟會會員,曾任《民立報》主筆、南京臨時政府司法部次長、立法委員。

(2) 劉大白〈秋燕〉、〈斜陽〉、〈黃葉〉

在「五四」新詩草創時期,劉大白算是承前啟後的詩人之一。

五四後的幾年，是他創作力旺盛的時期，除在一些報刊發表大量新文學作品外，還在杭州辦了《責任週刊》，評論時事，宣傳新文化，充滿熱情。他同時也是傑出的學者、教育家，歷任復旦大學、上海大學教授。受五四精神的影響，他的詩很重視內容，在風格呈現上，可將其詩作分成哲理詩、抒情詩及社會寫實詩，劉大白可說是當時較早把眼光投向反映民間疾苦的少數詩人之一。當時也有一些詩人熱中於探索人生意義和宇宙奧秘，又加上印度詩哲泰戈爾的影響，哲理詩成為一時風尚，劉大白也在此一時潮下寫了一些哲理詩。至於抒情詩，他也寫了不少謳歌愛情，讚詠自然，表現內心感受的詩篇，如這三首詩即是。

〈秋燕〉一詩不長，描寫兩隻燕子的對話，原本是商量「去不去」，一隻說「不要去」，一隻說「不如去」，最後同意「一齊去」，結尾二句：「雙燕去了，把秋光撒下了」，頗具巧思。全詩看似寫景，實為抒自我之情，從猶豫到下定決心的過程，簡單兩語即生動呈現。最後以燕的飛去，道出時序的移轉，詩意率真，給人親切之感。

〈斜陽〉一詩在詩的意境上有較好的表現：「雲一疊疊的，打算遮住斜陽；然而漏了。教雨來洗吧，一絲絲的；然而水底也有斜陽。黃昏冷冷地說；『理他呢，斜陽罷了』／不一會兒，斜陽倦了，冉冉地去了。」這是劉大白寫於民國 11 年的作品，對斜陽的不願落下，深戀世間的形象，作了生動的刻劃。詩人的獨特感受，藉神韻盎然的畫面表現出來，是他出色而典型的抒情詩作。寫景之餘，或也傳達了對人間理想、藝術境界的追求，雖然會遭遇不少挫折、打擊，但即使是已近黃昏，斜陽仍盡力散發出它的熱力，溫暖它所愛戀的世間。

〈黃葉〉一詩是詩人於民國 12 年寫於紹興的佳構:「和樹枝最親密的黃葉,當它對伴侶告辭的時候,微微地,只是臨風的一聲歎息／當黃葉駕起它善於歎息的雙翼,到處漂泊去了;樹枝儘自搖頭,也博不到它底回頭一顧!」從詞意上看,寫的是葉落離枝的自然現象,但透過作者的用情觀照,自然景物驟然獲得了生命與情感。詩人善於運用意象式的語言,活潑的擬人句法,將生命凋零的無奈表達得詩意盎然。這首詩在白話詩發展初期應算是成功之作。

(3) 何心冷〈不如歸的一幕〉

這是一首敘寫男女戀人離別的情詩。男主角要「奮勇地向前進」,可是「被伊那嗚咽的語聲喚住了」,兩人在港口話別,充滿不捨的愛意,但男主角終於乘船而去,獨留佳人殷殷期盼歸期的眼神。詩的末尾寫著:「月光慘澹了,它雖然也不住的安慰伊,可是在伊的頰邊,映出點點閃閃的淚了!」直接道出內心的感傷。全詩即以如此明朗、散文化的句法來表現,較欠缺含蓄的美感,在技巧上顯出嘗試時期的生澀。

(4) 謝遠定〈不幸的小鳥兒〉、〈晚禱〉

這首詩是一隻不幸鳥兒的自白,熱切期盼來到世上,卻經歷了人間無數的黑暗,最後因奔波勞累而死。從「一天母親把我產出,我才知道世界這般冷酷」開始,這隻不幸的鳥兒,就不息地在這暗潮上飛騰。牠覺得自己的力氣逐漸用盡,看到「山啊,水啊,沙漠啊,墳墓也似的屋宇啊,一切的背著我,向黑暗裡退卻。」於是牠發出了人類也相同的吶喊:「我不過是一隻小鳥吧。我為光明,奔波了半生／可是我那光明?可是我那愛人呢?」沈痛的嘶吼,人類共有的無奈,透過鳥兒強而有力地傳達出來。作者對人

生的深刻體驗，不禁引起我們的共鳴。在對世間絕望之後，牠悲觀地告訴自己：「我不能再繼續下去了，我要偕黑暗長隱。」最後八句，人稱觀點突然轉變，以圍觀者的眼光說：「當他掙扎著最後一息的時候，太陽已款款地從他背後東昇／待人們聚攏來把他底頭兒扭轉，啊！他已絕了生緣／人們都奇怪這隻小鳥兒，為什麼好好地睡死在園裡了／是誰可憐過這小鳥兒底不幸？是誰可憐過這不幸的小鳥？」最後兩句的質疑，給人無比哀淒的感受。雖然詩的技巧不成熟，但在內容的反映人生、社會上則仍有其可觀之處。

〈晚禱〉一詩，是謝遠定於民國 12 年在南京所寫。詩意較濃，將自己對月亮默默祈禱的深願真實地表現，詞意優美，意境清麗。詩分兩段，第二段寫著：「月姐，我底愛人喲！就讓我是你底小孩兒，給惹著開心而痛哭過了，也應該惠一塊小糖果吧？月姐，我底愛人喲！請你至少回過臉兒來喲！」有點童真的稚趣，也有點人生希望的追求，是首洋溢趣味的小詩。

(5) 黃懺華〈海上〉

詩分兩段，意思相同，先描述海景，再特寫海上衝浪前進的一條大船。唯一的差別是前段為日景，後段為夜景。在景物的描摩上，缺乏意境的烘托，純以白描手法，而修辭也並不出色，後段的詩句相形之下稍好，例如「是誰把神秘的幔子放下來，把多麼大的天空多麼寬的海面都遮住了，四圍都黑沈沈的靜悄悄的冷冰冰的，只聽見海水響。」不過，仍不脫散文句法的鬆散。兩段的末尾皆以大船作結：「一條漆黑的大船⋯⋯在那個水天無際裡頭，衝波破浪地朝前進」；「但是那條大船呢，它仍然衝波破浪地朝前進。」可惜船的意象並未加以妥善運用，殊為可惜。

（6）蘇兆驥〈冬夜〉

　　這是作者寫於民國 13 年元月的作品，敘寫詩人在冬夜的感思，意境典雅，辭意清暢優美，是首詩意濃郁的詩。起首是詩人在冬夜被驚醒：「一聲怪響，驚得我醒了。是在黑暗中，正循著軌道，向前猛進的火車。」醒後的詩人再也不能成眠，於是悲哀地思念起親人：「枕上的天國裡，姪女們散著亂髮，玫瑰的小唇，仍紅得可愛。我用手摸我的頰，伊的吻痕早乾了。」有一種朦朧的情思，透過詩人的筆端傳達出來，給人深刻的聯想。對於母親，作者也有永恆的想念：「被頭雖鐵般的冷，心頭卻爐般的熱了。坐在床沿上的，彷彿是我熱愛的慈母。」藉冷鐵熱爐的強烈對比，表現出冬夜與母愛的冷暖差異，使讀者與詩人一同感受思親的傷感。此外，作者也有理性的思考，他說：「詩人們，你把預言給了時鐘，要它替你代宣麼？萬籟無聲的時候，得得地，得得地，時光的神底馬蹄！」道出創作的孤寂與生命的流逝。他甚至告訴自己：「有淚莫輕流！灑向筆頭，寫成文字，好得著不朽的結晶。」吶喊似的字句，可說是此詩的敗筆。最後，詩人仍恍惚自己是醒是夢，但他卻無限悲哀地說：「好景消磨了！故人星散了！人生本來如此的。連慣溫存枯枝的雪，也因冬暖不來了。」將內心的孤獨感與自我的期許雜揉在一起，交識成一首在冬夜一個旅人的哀歌。

　　以上是 9 首收於社刊中的詩歌創作，雖然在技巧、意境、修辭等方面都有許多明顯的缺點，對於詩歌的特質、內涵也尚無法完全掌握，但這畢竟是白話詩萌芽初期不可避免的現象。事實上，《新南社社刊》能擺脫舊南社時期以古文、古詩詞為主的型態，完全以白話文、詩為刊物內容的表現媒介，本身已是一種符合文

學趨勢的進步走向。而在內容主題的多樣性、時代性方面,《新南社社刊》也有強烈的對應,實無愧其以「新」自許的宗旨。

五、《新南社社刊》的思想特色

新南社主要社員如柳亞子、邵力子、陳望道、胡樸安等人的思想傾向,事實上已透過《新南社社刊》顯現出來。刊名訂為「新」,除了與舊南社劃清界線外,也說明其以引介新思潮為宗旨的立場。在〈新南社條例〉中所言要「整理國學,引納新潮」的方向,在社刊中已得到初步的實踐,這從上述對其內容的評述中可以看出。以下將在內容的基礎上,進一步論析這份刊物所呈顯出的思想特色。雖然,有些觀念、想法為個人意見的成分較多,但在編輯活動的過程中,從選稿到刊登,這些文稿已無形中代表了這份刊物對外的立場,因此,它的篇幅雖有限,仍可藉以對這份刊物 ── 或者說是對這個團體 ── 的思想特色做一番探討。

當然,新南社也不過只有短短一年的歷史,它成立初期,舊南社仍有活動,在相同的時代背景、流行思潮下,看法相同或相近是很自然的事,因此,有些思想傾向不一定是沿襲舊南社,而是一種持續發展,如反帝、反軍閥等。但在成員有意識的覺醒下,迴異過去的新思潮大量地出現在社刊中,確實是舊南社的《南社叢刻》中所沒有的。以下分四個方面來說明。

(一)反軍閥、反帝國主義的立場鮮明

南社的成立與壯大,可以說是在反清、反袁兩項政治目標的凝聚下所致。《南社叢刻》在內容上有相當的篇幅是鼓吹民族氣節,宣傳革命思想,就其傳播的思想意識而言,辛亥革命以前的

《南社叢刻》是「反清專號」，而辛亥革命以後幾年則是「反袁專號」。相形之下，新南社時期，這兩項目標已經消失，取而代之的是反軍閥、反帝國主義。當然，這點在舊南社時期已有觸及，只是不像《新南社社刊》表現得如此強烈。沈玄廬在〈留別留俄同志們的一封信〉一文中，曾舉「京漢路罷工」事件及旅順大連收回問題，對軍閥及帝國主義的危害中國有明白的控訴，他說「京漢路罷工的事，這一件事底失敗點，都不足以算為我們底過失，中間有一個大誤點，就是認為吳佩孚可以聯絡的謬誤。」對軍閥的不可信任加以抨擊。當時國人為了二十一條款和旅順大連收回問題，起來反抗日本，但是，沈玄廬提醒道，威海衛和旅大問題相同，可是上海學生聯合總會卻因為發了威海衛問題的傳單被封；又如「抵制日貨」運動，沈氏認為：「抵制日貨，是反抗日本底侵略，誠然不錯，可是背後如果沒有英美因為抵制日貨有利益於他們，中國抵制日貨的運動，還是要受他們抑制的。」所以，他一針見血地指出，這些事給了我們一個教訓，就是如果我們倚恃了「甲」的帝國資本主義國家去反對「乙」，結果仍舊做了「甲」的奴隸；但如果我們不倚恃任何一列強，這些站在同一壓迫地位的國家，必定聯合起來壓迫我們；如果我們反對他們，他們更會來壓迫我們。這對帝國主義的侵略本質做了毫不保留的揭發。他並一再呼籲國人要認清：「帝國資本主義底列強和軍閥，是壓迫階級；革命黨、工人、農人、學生、小資產階級，是被壓迫階級。」

　　至於軍閥與帝國主義之間的狼狽為奸，沈玄廬也有精要的見解。他看出帝國主義者對中國的侵略是以「經濟略奪」為主，而在中國替他們拉開經濟大網，竭中國底澤而漁利的是帝國主義所豢養的鷹犬 —— 即軍閥，或者說是「北京政府」，這只要考察歷來

軍閥政府的借款即可看出:「凡是國民所反對的人,他就越肯借債;越喜歡招兵、越肯借債的,就越得列強各國所歡迎。例如:全國國民至今猶繼續吃苦痛的鹽稅借款,和這筆借款同一椿事的袁世凱迎合日本二十一條款,承熱臨案交涉的曹錕賄選總統,美國幫助吳佩孚、陳炯明宣布孫中山先生中俄德三國聯盟主張以見好於英國等等,都是借軍閥底手拿利刀刺入國民底胸膛,他們卻坐吮國民底血,而分餘瀝於軍閥。」這段分析可說是已將軍閥與帝國主義者的互動關係做了最佳的說明。從反日、反美、反英到反軍閥,這篇文章正代表了新南社成員的鮮明立場,堪稱是社刊中對此重大問題一次火力集中的宣告。

劉伯倫〈中國的亂源〉一文,也對此問題發表意見,認為中國陷於半殖民地的地步,完全是國際帝國主義的經濟侵略所致。中國實業不發達的結果,是軍閥得以產生的主要原因。帝國主義者唯恐反軍閥的民主革命運動成功,損及他們在中國的經濟利益,於是大力支持軍閥,壓制民主運動。劉伯倫和沈玄廬一樣,不忘提醒國人,所有對軍閥的夢想都將只是幻想,唯有建設主權完整的民主政府,才是對抗帝國主義的最根本途徑。這兩篇文章,一方面反映了當時知識分子對國是日非的擔憂,一方面也表現出投身改革的激切用心,從中國現代史的發展來看,新南社成員確實是掌握了時代正確的脈動。

(二) 肯定引納外國新知的必要性

正如新南社的成立宗旨所言,引納新潮也是社刊的重要內容。事實上,它所佔的篇幅最多,包括〈英國的新村運動〉、〈精神分析底意義歷史和學說〉、〈詩人拜輪底百年祭〉、〈加納博士底

婦女參政運動論〉、〈哲學概說〉、〈譯蘇曼殊潮音序〉、〈讚劍〉等
多篇作品皆多少觸及到，其中有讚美崇拜，也有批判存疑，並非
全盤照收。這些文章的大量出現，當然是受五四新文化運動思潮
的影響。這裡也顯現一個有趣的現象，即在政治上，西方往往被
視爲帝國主義侵略者的角色，是中國人民的公敵之一；但在思想、
制度、學理上，卻又被視爲世界先進的角色而被引進、探討。這
種分歧，也正代表當時知識分子對西學既愛且恨的矛盾心理。南
社之所以在未完全解體前，柳亞子等人即另起爐灶成立新南社，
代表了南社成員背棄舊有傳統的一次新選擇，而當新南社正欲以
新面貌迎向新時代時，南社部分成員在民國 13 年 1 月 1 日於長沙
另行發起了「南社湘集」，這個以傅鈍根爲社長的團體成立，代表
了舊南社的傳統力量的反撲，他們也發行社刊，而且明言「均以
文言文爲準」，這自然和新南社的主張背道而馳了。

　　除了「南社湘集」以傳統相號召外，即使是新南社內部也存
在類似的矛盾。宗旨上的將整理國學與引納新潮並舉，本身即是
一種妥協下的產物，因此，我們在強調新南社重視新學的同時，
也不能忽略舊傳統勢力的存在。

　　基本上，《新南社社刊》中所登載以介紹新知爲主的文章，可
以簡單分成兩類；一是制度，二是學理。在制度的引進方面，〈英
國的新村運動〉即是。這也是當時流行的話題之一，如周作人等
人都曾爲文表達自己對此制度的嚮往。邵元沖除介紹外，也有自
己的批判，意見中肯。他對英國第一個實行建設的新村「利處華
夫園城」有具體的看法，從地點、交通、行政機關、租地機關、
全村區劃、人口、建築、公共事業到娛樂事業、教育事業、商業、
工業、定期出版品等，他都引最新的數據資料來評介。對這種制

度是否適合在中國實施，他也提供了客觀的結論，認為雖可採行，但有些主張還需以更徹底的方式來實行，這裡所謂「更徹底的方式」指的就是共產主義，只是作者並未言明。在社刊中，這種論調已開始出現，如沈玄廬就表示，蘇俄實施共產主義必對人類有大貢獻，其成就將難以估量，凡是對此有所懷疑的，只要實際親身去俄國考察一週，或住個一年、十個月，就可知這不是空談虛想。沈氏對共產制度的熱烈推崇，邵氏對新村組織的部分肯定，都說明了當時知識分子為中國尋找出路的用心。

　　在新思想、新知識的引進上，《新南社社刊》也提供了極大的篇幅，如對當時歐美心理學界有革命性影響的「精神分析」學說，就被有心地介紹進來。李末農的〈精神分析底意義歷史和學說〉可說是一篇完整而通俗的概論文章，尤其他對此一學說的肯定，可以看出他們對新知的熱切追求。他說：「精神分析，自從維也納底醫生傅勒得創始以來，已經漸漸地被學術界承認了。現在歐美的心理學說全不帶它底色彩的很少，心理學家不受它底影響的更少，無論它曾受過，現在還受著怎樣的批評和反對，只要稍微有點科學頭腦的人，現在都不能不承認它在心理學上的大貢獻。它底貢獻還不限於心理學，即一切社會現象和歷來稱為神秘的問題，如宗教、家庭、人生、文學、美術、戀愛等，在精神分析之下也都有迎刃而解的趨勢。」因此，他就將此一學說的來龍去脈、重要理論一一解說，引用中國古書中的實例來相互印證，出之以淺顯易懂的文字，期能將之引進到國內。

　　〈加納博士底婦女參政運動論〉也是一篇介紹新知的文章，對提倡婦女參政不遺餘力的美國政治學者加納的主張，高氏兄弟以節譯其論文的方式來介紹，包括歷史發展、反對及贊成雙方的

辯論、當時各國實施的概況，讓人讀後有所啓迪。特別是對中國此一當時女權甚受漠視的國家而言，這個學說有其震撼性及重要性。他一再強調：「把婦女完全置於選舉權範圍以外，從民治政府的原理或國家爲人民所有的民治意識上講，是完全不應該的。」文末所引的一句名言：「在將來的世紀裡，兩性上的差別將變得如皮膚的不同一樣的平常而微小。如果還有人以性的差別做理由，來限止任何公民底各種權利，是必得要處以相當罪名的」，更是強而有力的宣告。這類文章的出現，也是中國現代思想發展的一個重要部分。從清末開始，女權意識逐漸覺醒，但起初是以爭取受教育、婚姻自由爲主，後來才擴大到政治活動的參與、政治權力的分享，這是一段漫長的過程，秋瑾的大力鼓吹，「周氏三兄弟」中的周建人呼籲要「救救婦女」，並大量翻譯出版有關女權的書籍，再加上眾多文學作品中反映婦女地位低落及悲慘遭遇的描寫，都是促使女權得到解放的重要力量，新南社成員藉此文也表達了該社支持的立場。

其他如〈哲學概說〉，介紹西方的哲學學說，從意義的界定到形式、方法、對象，以新的說法取代過去傳統抽象的體悟心學，給人較「科學」的印象。自胡適大力提倡「民主」與「科學」後，「科學的思維」也是當時流行的風氣，講究方法，重視實證，胡適甚至提醒國人要「多研究些問題，少談些主義」，黃懺華此文也是這種思潮下的具體表現，例如他說：「哲學現在外而的形式，完全是方法的認識，就是科學。」所以他要求對哲學應有「科學的認識」，而他也以這種態度撰寫此文，將哲學新的思考介紹給國人。在西方文學的引進上，恰好有兩篇都是介紹英國詩人雪萊與拜輪，一是〈詩人拜輪底百年祭〉。一是〈譯蘇曼殊潮音序〉，前

者藉詩人百年將他的成就予以重點式的介紹，讓讀者對他的一生
行事與不凡的詩藝，有一概括式的了解；後者則是介紹同是詩人
的蘇曼殊對雪萊、拜倫的體悟與認識。譯者柳亞子也藉此對二人
的詩進行實際的翻譯與探討，使讀者從另一層面探入詩人的心靈
世界。這些具有引進新知性質的文章佔多數，正符合了社刊的宗
旨要求，也說明了當時的時代對引納新知的需求與肯定。

（三）強調經濟發展在中國的重要性

近代中國淪為次殖民地的原因很多，經濟落後造成民生窮困
是其中之一，正如劉伯倫所言：「中國之所以這樣貧弱擾亂，是由
於實業不發達。這話雖然是小孩子作文時搖筆即來的陳言，卻是
確切不移的真理。」他也因為抱持這個觀點，而對胡適提出質疑，
他說：

> 像胡適之等今天講思想革命，明天講科學的人生觀，以為
> 人民的思想和人生觀改變了，社會馬上就會好起來。我要
> 問他，大多數平民，連飯都沒有吃，哪裡有錢去受教育？
> 他們連字還不認識，向他說思想革命、科學的人生觀，試
> 問能懂得嗎？況且人的思想，多由經濟的現象決定，經濟
> 制度沒有變更，思想和人生觀也很難變動。

沈玄廬也抱持相同的看法：

> 依世界現在的熱潮，和大多數人的利益，正該大鼓吹而特
> 鼓吹共產主義革命——不然不然，不可能。為什麼知道現
> 在不可能呢？——中國社會底實際現況怎樣？為各種機器
> 商品的先鋒不是火柴嗎？中國不單是西北西南和中部有許
> 多地方不曾使用火柴，連東南各省被經濟大砲打得七洞八

穿的地方，尚有許多荒僻的山村裡不曾使用火柴。外國銀
行紙幣，雖充斥各都市，但是東南方面，還有物物交換的
地方；西南各地，連貨幣都不通行的地方很多。上海、漢
口、廣州、天津等處，雖有許多吸收勞動者血汗的煙突，
然統計全國新式工廠工人不到二百萬人。在這種實際社會
狀況下面，放著許多不具備的條件，我們能夠貿然主張共
產革命嗎？

從這些話中即可看出，唯有經濟問題得到解決，社會發展與思想
轉變才有其可能。他的這個看法很代表當時些知識分子的意見，
共產主義與資本主義的論戰也因而產生。不論當時論戰的正反意
見如何激烈衝突，其根本中心仍是在於中國往何處去的問題思考。

　　由於英美等國的經濟入侵，這些西方工業發達的國家遂被視
為帝國主義，引起國人的仇視。特別是日本，以其對中國不曾稍
歇的侵略野心，而飽受知識分子的批判。相反的，俄國自十月革
命成功以來，共產主義頓時成為世人嚮往的一種政治制度，俄國
實施的情況深深牽繫著同樣在尋找國家前途走向的中國。而俄國
所實施的各項政策中，最受國人矚目的莫過於軍隊組織力量的培
訓，共黨組織系統的運作，以及經濟政策的規劃實施。沈玄盧即
費不少筆墨來說明俄國在當時的經濟改革，包括發展農業、工業、
電氣事業、手工藝和機器工業同時並進的情景，農具用各種兵器
改造，農村展開電氣化的建設，而且在一年內的預算中執行，從
村開始建設，集村為鄉，集鄉為縣，集縣為省，集省為國，集國
為聯邦。這是當時新俄羅斯的經濟建設政策。對沈玄盧等一些知
識分子而言，這無疑提供了一個可以學習的典範。他們認為，唯
有經濟獲得改善，中國才有生存發展的一線生機。這些文章的出

現，正好提供我們了解近代知識分子思考國家前途與經濟發展關係的一條線索。

（四）呈現出對「革命」的熱烈嚮往

「革命」是一種推翻現狀，建立新世界的手段。它通常是在社會體制產生極大弊病，導致不公不義，亂象叢生，或是在政治腐敗、經濟蕭條，人民無法忍受的情況下產生。在俄國十月革命之前，帝俄的統治引起反感，才有後來「社會主義蘇維埃共和國聯邦」的出現。共產主義打著「革命」旗幟，籠絡人心，在當時確實掀起了一股世界潮流，吸引了全世界的目光。雖然數十年後的今天，共產陣營已相繼瓦解，社會主義制度也已破產，長期以來居於共產聯盟龍頭地位的蘇聯，更是一夕崩潰，導致東歐隨之「變色」，這種「革命性」的轉變，一如當年共產制度初建時的風起雲湧。民國一、二十年時，中國甚多知識分子就陶醉在這種潮流中，為文歌頌，親自去朝拜，大力鼓吹，恨不能中國一夕之間也做此改變。在資本主義與共產主義的拉鋸戰中，毫無疑問的，共產主義在當時提供了一個社會烏托邦的夢想，而深深打動了一大部分人的心。這種熱情的嚮往，從社刊中亦可窺見一二。

從沈玄廬兩篇有關俄國新發展的報告看來，他對那種制度是深信不疑，認為俄國在實現共產主義革命後已煥然一新，所謂被「壓迫」的工農階層平民已獲得最妥善的照顧。他甚至無比歡欣地抄錄下俄國十月革命六週紀念節的閱兵式的紀念口號，如「我們的共和國中民族如兄弟的聯結 —— 反對資本主義者底掠奪，忠實的防禦」等，一共 24 條，可見其內心的激昂鼓舞。對俄國革命，他確實表現出熱烈的肯定，在〈留別留俄同志們的一封信〉中，

他懷著豪情對國人呼籲:「我們為送死而革命,為求生而革命,蝮蛇囓腕,壯夫斷臂,勇氣要建築在求生的設施上,才見得大勇底精神。我們這很少數為國民做先驅的,不必憂慮我們分子太少,從來革命事業總是從很少數為代表大多數利益做起來的。」他甚至如呼口號般號召:「同志們!負擔中國革命的種子底責任者,我們在血淚的歡笑場中再會!」一種為革命憧憬願意奉上赤忱的決心明白流露。

　　社刊中兩篇有關拜輪、雪萊的文章,也是在歌頌其詩歌成就外,極力讚賞其革命熱情。在當時中國尚未普遍覺醒的年代,這兩位英國的「革命詩人」正是知識分子取來仿傚的對象,他們的革命熱情才是被引進並推崇有加的主因。如陳德徵所言:

> 凡是讀過一些英國文學的人,大都知道他們是加上了一個革命的詩人的徽號的。這革命的詩人的頭銜,有許多人以為只配加到拜輪和雪萊的頭上去,這因為,只有他們,在他們自己身上,充滿了革命的心。只有他們,宣傳了他們底心,能引起一般熱血的青年底反應,使他們準備著來大聲疾呼地反抗那索然無味死沈沈的社會……他們那熱情之光,也還不斷地照著這死沈沈乾枯的社會。

以他們對革命的熱情來對照當時中國死氣沈沈的社會,作者的企圖是十分明顯的。蘇曼殊稱讚拜輪說:「當他死的時候,他做一件勇敢的舉動:他到希臘去,助幾個愛國的人,為他們的自由而爭鬥。他的生活、境遇,同著作,是完全在戀愛和自由裡面融化著。」同樣也是肯定他為自由而戰的革命熱情。

　　在新南社成立前後,正是中國處於動盪不安的時期:軍閥割據,國民革命如火如荼,中共也開始暗中發展,加上外國勢力人

侵，當時中國成了各種勢力的角逐場。由於軍閥誤國，國家處境危殆，革命呼聲四起，所以，在社刊中鼓吹革命精神是很自然的事。事實上，新南社成員的主要活動仍以獻身政治為主，這也是新南社很快停止活動的原因。因為主要成員忙於他務，無法投入社團的經營。正如柳亞子所說：「從第三次聚餐會以後，就沒有舉行集會，新南社就此無形停頓了。因為我已直接參加中國國民黨的鬥爭，無暇再做外衛工作。」從追求革命熱情到實際參與革命活動，新南社諸子確實表現出淋漓的民族氣節。豺狼當道，人權蹂躪，異族踞我臥榻之旁，瓜分豆剖的命運逼近，可是眾生卻仍酣睡，無怪乎這些知識分子會挺身而出，大力疾呼。不論是直接投入戰場，還是為文呼籲，都顯現了他們關懷國事的革命熱情。

六、結語：《新南社社刊》的歷史意義

作為「新南社」這個結合文藝與革命的團體的機關刊物，《新南社社刊》具有一定的歷史意義。在近代中國思想史上，它表現出五四新思潮的精神：注重人權（特別是婦女參政權的鼓吹），充滿政革熱情，對傳統不滿，要求科學文明，追求民主及社會平等，這些觀念與作法，在社刊中都有觸及，並加以討論。雖然，它在尚未形成穩定的風格之前就已夭折，但它確曾為此一社團留下彌足珍貴的紀錄。

在近代文學發展上，它也提供了可觀的新文學史料，例如刊登了日本小說家國木田獨步的〈一張畫的悲思〉，這對舊南社的《南社叢刻》中不登小說的傳統而言，可說是一項進步。更難能可貴的，是發表了 9 首白話詩作，其中有對愛情的歌詠，社會不平的控訴，自然景物的敘寫，親情的追思，以及內心懷抱的抒發。不

論感性或理性，都流露出一種真誠的生命體驗；不論技巧的純熟或生澀，這些詩都表現出嚮往美善的人生態度。時代的變動，政治的混亂，社會的轉型，思想的躍進，透過詩人的筆，婉轉卻強烈的打動讀者的心。其作者群中，如劉大白即在新詩方而有重要而精彩的表現；有些作者則陌生，甚至找不出第二首詩作。因此，社刊無形中也保存了新文學史料。和《南社叢刻》相比，它跨出了一大步，只不過這一步尚未站穩，很快又被時代更新更迅速的浪潮所淹沒。

　　新南社的成立，一方面如前所言，是要與舊南社劃清界線，但另一方而看，它又巧妙地延續了南社的發展。柳亞子等人在另起爐灶之時，其實是想有一番作為的。到了民國 24 年，南社紀念會成立，柳亞子又被推為當然會長時，基本上已經是將南社（包括新南社）視為歷史來緬懷或當成研究課題了。對於新南社的歷史意義，柳亞子在民國 25 年南社紀念會時代曾有一封給曹聚仁的公開信中提到：「先生說南社的缺點是詩的而不是散文的，南社的文學活動，自始至終不能走出浪漫主義一步，這話是對極了。其實，南社是詩的，新南社卻是散文的了。講到文學運動，新南社好像已經走出浪漫主義的範圍了吧！南社的代表人物，先生說是汪精衛，而新南社的代表人物，則我們可以舉出廖仲愷先生來。汪精衛是詩的，廖先生卻是散文的了。所以我說，無論如何，新南社對於南社，總是後來居上的」[7]。這段話說明了新南社已脫離了過去舊南社時期文人結社的浪漫性，更為積極地以實際作為（包括為文鼓吹與投入革命）參與整個新時代的演變。從社刊中百分

---

7 柳無忌編：《柳亞子文集：南社紀略》，頁 251。

之九十的文章，與百分之十的新詩相比，新南社確實已經透過散文的直接性，強而有力地對應了那個時代的風雲變幻。而和《南社叢刻》以詩為主要傳播媒介的情況相比，《新南社社刊》確已有了一番新的面貌。

周作人與個人主義

一

　　在中國現代作家中，周作人是深具個人主義[1]思想的人之一。不論在對社會、政治、宗教、道德、風俗的評判中，他都表現出個人主義的強烈傾向。其人格的塑造，人生觀的形成，個人主義可以說產生了一定的影響。尋思他爭議不斷、榮辱浮沉的一生，雖有其自為的因素，但不可否認的，也有著無情的現實和歷史對於一個不合時宜的理想主義者的嘲弄。

　　周作人在《藝術與生活·自序》中，將自己的思想發展以 1924 年為界，認為 1924 年以前的自己是個理想派，對文藝與人生抱著

---

1 個人主義是一個有著多重涵義的概念，在此並不擬對其做專門的分析。在五四文學的啓蒙精神中，人道主義　和個性主義是兩個重要的基礎。個性主義雖然通用，但此一概念在五四時期通常被譯為「個人主義」，本文邃以此為準，統稱為個人主義。其概念內容主要是指自我的確立，自我意識的增強，以自我利益為核心，為出發點，來判斷一切事物和行為。以自我的獨特方式來參與整個社會的創造活動，並共享社會的一切成果，特別是精神成果。這種要求自我意識的受尊重、充分表現的主張，即個人主義的內涵所在。

一種什麼主義，1924 年以後則有所不同，夢想家與傳道者的氣味漸漸淡薄，所愛的只是藝術與生活自身而已。這裡所謂的「什麼主義」，指的是個人主義。1924 年以前的周作人可說是個人主義積極的鼓吹者與實踐者，這點十分明顯地表現在他對日本新村運動的推崇上。1919 年 7 月，他花了半個月時間，親自走訪日向（huga）的新村，覺得體驗了「正當的人的生活幸福」，是他「平生極大的喜悅」[2]，並寫了〈日本的新村〉、〈新村的理想與實際〉、〈訪日本新村記〉等文章，宣傳及肯定日本新村的主張和作法，甚至還加入成為其會員。

對周作人來說，他之所以認同新村運動，是因為「新村是個人主義的生活」，簡單的說，是人的生活。其「將來合理的社會，一方面是人類的，一方面也注重是個人的」[3]。換言之，個人與人類價值的等量齊觀，是周作人理想中的生活型態。在他看來，新村的精神是要「提倡協力的共同生活」[4]，既要盡對人類的義務，也要盡對自己的義務；既讚美協力，又讚美個性；既要發展共同的精神，也不能放棄自由的精神。這種共性與殊性的同獲尊重，周作人認為是缺一不可的。

正因為周作人主張每個人應承擔對人類和對自己的雙重責任，認為理想社會是建立在不僅以人類的發展而且以個人的發展為終結的基礎之上，因此，他對俄國大文豪托爾斯泰的「躬耕」感到不滿，認為那是一種「極端的利他」，抹殺了對於自己的責任，

---

2 見周作人〈訪日本新村記〉，收入《周作人先生文集》之《藝術與生活》（台北：里仁書局，1982），頁 441。《周作人先生文集》以下簡稱《文集》。
3 見〈新村的理想與實際〉，《文集》，頁 425。
4 見〈日本的新村〉，《文集》，頁 401。

所以「不能說是十分圓滿」[5]。相反的，他對既爲自己、又爲人類的新村運動，則認爲「實在是一種切實可行的理想，真正普遍的人生的福音。」[6]甚至於，即使新村運動萬一失敗，他也深信這並非理想的不充實，而是由於人間理性的不成熟所致。

在個人與人類的關係上，周作人曾以一株樹與森林的關係來相比，認爲各樹的茂盛與森林的茂盛息息相關。也就是說，個人與社會、與人類的關係是一致的；自我與社會，個性與群性，是可以相互交融，共生共長的。他的這種思考邏輯，清楚地表現在《自己的園地‧文藝的統一》中，他說：

> 其實人類或社會本來是個人的總體，抽去了個人便空洞無物，個人也只在社會中才能安全的生活，離開了社會便難以存在，所以個人外的社會和社會外的個人都是不可想像的東西。

在這種推理下，周作人遂提出了人道主義是「一種個人主義的人間本位主義」的結論，並且強調「人道主義是從個人做起」[7]，如此一來，個人主義與人道主義便緊密結合在一起了。墨子說「愛人不外己，己在所愛之中」，或是耶穌說的「愛鄰如己」，他都極表同意，認爲一個人要講人道，愛人類，必須先使自己有人的資格，佔得人的位置，如果不先愛自己，怎能「如己」的愛別人呢？這種以個人主義爲出發點的人性理論，自然便影響了其對人性道德標準的要求，以及文學主張的建立。

---

5 同上註。
6 同上註。
7 見〈人的文學〉，收入《文集‧藝術與生活》，頁 18。

二

在人性道德標準的要求方面，個人主義的人性論，是周作人看問題的出發點。由於對人性本身的重視，他遂以極大的熱情去研究有關人類生理、心理方面的知識，特別是有關性的探討。這種傾向，可以從他對一系列關於人的問題、婦女問題、兒童問題等所發表的意見中明顯看出。

關於人的問題，周作人解釋說：「不是世間所謂『天地之性最貴』，或『圓顱方趾』的人。乃是說，『從動物進化的人類』。」[8]換言之，「動物」與「進步」是構成人的基本內容。他一方面承認人是一種生物，具有獸性、肉欲，與別的動物並無不同，不過這種生物本能並不醜惡，而是美和善，應該得到滿足；另一方面，他又認為人是進化的，具有與動物相異的神性、靈性，可以達到高上和平的境地。所謂人性，在他看來，包含了獸性與神性、肉與靈這兩個極端，因此，周作人既反對放縱人類本能的習俗道德，也反對割肉飼鷹、投身給餓虎吃的超人間的道德。他希望道德能合乎人性，使靈肉二重的生活都能得到滿足。

嚴格說來，周作人的上述思想並非十分新穎，然而，在中國現代史的發展過程中，他卻是少數清楚地運用人的靈肉二重性來反對封建文化對於個人的精神發展與肉體滿足的壓抑者之一。他努力追求的是「人」的生活，反對非人的生活。

至於性的問題，周作人也是從人的自然要求出發，他認為不僅縱欲是人性的一面，禁欲亦然。歡樂與節制二者並不衝突，可以並存，人之所以有禁欲的傾向，是用來防歡樂的過量，並且可

---

8 前揭文，頁 14。

以增加歡樂的程度。所以，他的結論是：「生活之藝術只在禁欲與縱欲的調和」[9]；「極端的禁欲主義即是變態的放縱」[10]。在五四思想革命的歷史潮流中，即使是「性」的問題，周作人也不視之為一純粹的理論，而認為是一「反封建」的實踐問題。以人性的自然發展為基礎，他毫不留情地把批判鋒芒指向封建禁欲主義，也指向維護封建舊禮教的道學家。他甚至以少有憤怒的語氣說：「那最不貞潔的詩是最貞潔的詩人所寫，那些寫得最清淨的人卻生活得最不清淨」[11]，一針見血地抨擊了假道學的卑劣心理。因此，周作人主張「凡是人欲，如不是疏通而妄去阻塞，終於是不行的」[12]，所謂生活的藝術，其方法即在於如何微妙地混和並取捨縱欲與禁欲二者而已。

　　關於婦女、兒童的問題，在周作人的「人學」裡，也佔了重要的地位。他曾提到，歐洲關於「人」的真理的發現，早在十五世紀即已開始，但女人與兒童的發現，卻遲至十九世紀才萌芽，然而，在中國「人的問題，從來未經解決，女人小兒更不必說了」[13]，因此，他對婦女兒童的命運格外重視。

　　在婦女問題方面，周作人指出，那些以為女子是天生下來專做蛋糕的人，是「頑固的反動」思想作祟，他呼籲婦女們應知道「自己是什麼」[14]。這正是他個人主義思想下的具體主張。他不僅反對把女人當作傀儡，也反對把女人當作偶像，提倡「女人是

9　見〈生活的藝術〉，收入《文集·雨天的書》，頁136。
10　見〈重來〉，收入《文集·談虎集上卷》，頁111。
11　見〈文藝與道德〉，收入《文集·自己的園地》，頁115。
12　見〈讀欲海回狂〉，收入《文集·雨天的書》，頁282。
13　見〈人的文學〉，收入《文集·藝術與生活》，頁13。
14　見〈婦女運動與常識〉，收入《文集·談虎集下卷》，頁418。

女人」，同時「女人是人」的雙重自覺。他在 1923 年寫的〈婦女運動與常識〉一文中就明白表示，只有女子有了為人或為女的兩重自覺，才有婦女的解放。

1922 年 6 月，周作人寫了〈北溝沿通信〉一文，提出了一項引人注目的觀點，他說：「想來想去，婦女問題的實際只有兩件事，即經濟的解放與性的解放」[15]。對於性的態度已如上述。對於經濟解放的問題，周作人起初是從婦女特殊的生理出發，對當時所流行的女子解放運動必以女子經濟獨立為基礎的觀點提出了自己的質疑，認為妨害女子經濟獨立的一件根本難題，是女人所負的「生產」的「社會職務」。因此，他特別贊成英國赫本德（Edward Carpenter）和藹里斯（Havelock Ellis）的看法，認為女子在為母的時候不能去做活賺錢，最需幫助，因而社會應該供給養活她們。他引用藹里斯的說法，介紹「古時孕婦有特權，可以隨意進園圃去，摘食蔬果，這是一種極健全美麗的本能的表現。」他並贊同「女子的自由，到底須以社會的共產制度為基礎」[16]。

然而，到了 1928 年時，周作人已認為所謂純正的共產社會只能當作烏托邦來看，在當時要實現簡直是不可能。於是，他再度強調女性自覺的重要，他說：

> 女子的職業開放，權利平等，這自然都是很好的，一面是婦女問題的部分的改造，一面也確可以使婦女生活漸進於自由。但我所想說的，卻在還要抽象的一方面，雖是比較地不切實，其實還比較地重要一點，因為我覺得中國婦女運動之不發達實由於女子之缺少自覺，而其原因又在於思

---

15 見《文集・談虎集下卷》，頁 428。
16 見〈愛的成年〉，收入《文集・談龍集》，頁 266。此文作於 1918 年。

想之不通徹，故思想改革實為現今最應重視的一件事。[17]

由此可見，在周作人心目中，婦女的解放與人性健全發展是密切聯繫在一起的。他思考婦女問題的同時，其實包含了對於整個人性發展的思考。

在兒童問題方面，周作人也有其獨到的見解，他極力主張以小孩為小孩，要把兒童看作是完全的、有獨立的意義與價值的個人，而不是把小孩視為縮小的成人。他語重心長地說：

> 中國家庭舊教育的弊病在於不能理解兒童，以為他們是矮小的成人，同成人一樣的教練，其結果是一大班的「少年老成」……早熟半僵的果子，只適於做遺少的材料。到了現代，改了學校了，那些「少年老成」主義也就侵入裡面去。在那裡依法炮製，便是一首歌謠也還不讓好好的唱，一定要撒上什麼應愛國保種的胡椒末，花樣是時式的，但在那些兒童可是夠受了。[18]

因此，他對讓小學生參加政治運動，把政治意見強注入到頭腦中去的作法特別反感，也極力反對兒童文學的書報提倡這些事。當他看到許多小學生參加「示威運動」，在大雨中拖泥帶水的走，不禁傷心、氣憤地說「這樣的糟塌，可以說是慘無人道了」[19]；他看到《小朋友》雜誌出了一期「提倡國貨號」，便忍不住議論說，這不是兒童的書了，真不明白那些既非兒童的復非文學的東西有什麼給小朋友看的價值。凡此，均可看出周作人以人性為基礎的道德觀。

---

17 見〈婦女問題與東方文明等〉，收入《文集・永日集》，頁 216。
18 見〈讀《各省童謠集》〉，收入《文集・談龍集》，頁 309。
19 見〈關於兒童的書〉，收入《文集・談虎集下卷》，頁 468。

　　對兒童教育,他希望是把兒童養成一個正當的「人」,而不是
一個忠順的國民。舉凡在詩歌裡鼓吹合群,在故事裡提倡愛國,
專為將來設想、不顧現在兒童生活需要的辦法,他都認為是浪費
兒童時間,殘害兒童的生活。周作人理想的兒童教育是「依了他
內外兩面的生活的需要,適如其分的供給他,使他生活滿足豐富」
[20]。在〈小孩的委屈〉一文中,他不斷強調「男人是男人,女人
是女人,小孩是小孩,他們身心上仍各有差別,不能強為統一」[21]
最後,他再重申:要「將人當人看」,要「知道自己是人」。

　　歸根究柢,不論是婦女問題、兒童問題,乃至於性的問題,
他都是納入其「人學」的大體系中來看,以其個人主義的人性論,
指出時弊,提供思考方向。在中國現代史上享大名的「周氏三兄
弟」,魯迅揭櫫「救救孩子」的大旗,周建人則以婦女問題研究的
先驅者角色而受人敬重,其「救救婦女」的口號也膾炙人口。周
作人在這兩方面其實也投注不少心力,從以上的敘述中即可看
出。在個人主義思想的引領下,他嚮往重視個人價值的新村運動,
並能站在以人為本位的基礎上,關注婦女、兒童的身心發展,從
現在來看,其用心之切,用力之深,和他的兄弟相比,實在是毫
不遜色。

三

　　個人主義的人性理論的觀點,自然會影響到周作人的文藝
觀。他所提倡的「人的文學」,即是他「人學」思想的具體呈現。
他解釋說:「用這人道主義為本,對於人生諸問題,加以記錄研究

---

20 見〈兒童的文學〉,收入《文集・藝術與生活》,頁 45。
21 見《文集・談虎集上卷》,頁 75。

的文字，便謂之人的文學。」[22]也就是個人主義的文學。從個人的需求出發，他既不同意以藝術為人生之僕役的「為人生」派，也不贊成以個人為藝術之工匠的「為藝術」派，而認為文藝是「自己的表現」，只是因為自己要說，自己這樣說了覺得滿足，如此而已。他始終承認文學是個人的，但因「能叫出人人所要說而苦於說不出的話」，所以他說文學也是人類的。[23]這和他對新村運動的認同是一致的。

既然文藝只是自己的表現，周作人遂反對在創作上捨己從人去求大多數的了解，他說：

> 文學家雖希望民眾能了解自己的藝術，卻不必強將自己的藝術去遷就民眾：因為據我的意見，文藝本是著者感情生活的表現，感人乃其自然的效用，現在倘若捨己從人，去求大多數的了解，結果最好也只是「通俗文學」的標本，不是他真的自己的表現了。[24]

可見周作人的這種文學觀，是把藝術看作是個人生活的一部分，是為自己的藝術，不是為人生的藝術。

至於文藝批評，周作人也認為它不是對客觀的檢驗，而是主觀的欣賞。在「批評原來也是創作之一種」的認知下，他主張的仍是個人主義的觀點，他強調：「我們在要批評文藝作品的時候，一方面想定要誠實的表白自己的印象，要努力於自己表現，一方面更要明白自己的意見只是偶然的趣味的集合，決沒有什麼能夠

---

22 見〈人的文學〉，收入《文集・藝術與生活》，頁 19。
23 見〈詩的效用〉，收入《文集・自己的園地》，頁 17。
24 前揭文，頁 21。

壓服人的權威；批評只是自己要說話，不是要裁判別人。」[25]因此他認爲文藝批評者最應具備的兩個條件是「誠」和「謙」。

在批評理論方面,他標舉兩個大原則:「自由—寬容」、「個性—表現自己」。首先,他對批評的自由與寬容原則作了獨特的闡釋:「文藝以自己表現爲主體,以感染他人爲作用,是個人的而亦爲人類的。所以文藝的條件是表現自己,其餘思想與技術上的派別都在其次……各人的個性既然是各各不同,那麼表現出來的文藝,當然是不相同……文藝的生命是自由不是平等,是分離不是合併,所以寬容是文藝發達的必要的條件。」[26]所謂「寬容」,周作人的解釋是「不濫用權威去阻遏他人的自由發展」,當然,也不能任憑權威來阻遏自己的自由發展而不反抗,因爲,服從權威會把個性汨沒,還談什麼發展。[27]也因此,他大力反對「統一文學潮流」,認爲文學世界裡應該絕對自由,「文藝統一的空想」應該捨棄,大家去「各行其是」,才是充實的道路。[28]

以「人的文學」爲武器,以反對既有勢力的權威爲職志,周作人大大提高了五四文學的成長。譬如汪靜之因發表情詩〈蕙的風〉,受到封建衛道者的攻擊,周作人立刻提筆聲援,爲愛情辯護,認爲愛情不能排斥肉欲描寫。對「有不道德的嫌疑」的腐朽之論,他痛加駁斥說:「恃了傳統的威勢去壓迫異端的文藝,當時可以暫佔優勢,但在後世看去往往只是自己的『獻醜』」[29]。又如郁達夫發表小說《沉淪》,其中對性苦悶的描寫被舊勢力視爲「驚世駭

---

25 見〈文藝批評雜話〉,收入《文集·談龍集》,頁 7。
26 見〈文藝上的寬容〉,收入《文集·自己的園地》,頁 6。
27 同上註。
28 見〈文藝的統一〉,收入《文集·自己的園地》,頁 29。
29 周作人〈什麼是不道德的文學〉,載 1922 年 11 月 1 日《晨報副刊》。

俗」，認為作品和作者都是不道德，周作人也不以為然地為文反駁，指出作者所表現的是「青年的現代的苦悶」，並強調《沉淪》「是一件藝術的作品」，它不是一本不道德的小說，反對封建文人「憑了舊道德的名來批判文藝」[30]。由此可見，他維護《沉淪》，主要是維護一切以「人」為中心的文學，透過他的鼓吹，個人主義觀念遂滲進了中國現代文學中。

　　「個性—表現自己」批評理論的提出，以及提倡主觀的鑒賞的、印象的批評，也是其個人主義思想下的產物。他提出「個性的文學」的概念，強調「文藝以自己表現為主體」，確定了作家的個性在文學創作過程中的作用，以及批評者的個性在文學批評活動中的作用，要求批評者「在批評文裡很誠實的表示自己的思想情感」[31]。不管是批評或創作，他認為都是主體的自我表現，在周作人的文藝思想中，「個性化」實佔有特殊重要的位置。正視自己的內心，讓自己的心靈充分自由地冒險，正是周作人對個人主義的體認與堅持。

　　從這樣的認識出發，周作人認為重要的是「個人對於自己有了一種了解，才能立定主意去追求正當的人的生活。」[32]也正是出於對每個人的意願、權力的尊重，周作人才會說：「我知道人類之不齊，思想之不能與不可統一，這是我所以主張寬容的理由。」[33]可以說，在周作人理想的道德世界中，是主張以一切人的意願為意願，充滿寬容精神的。然而，我們必須得說，周作人所提倡的寬容精神在現實生活中實在難以徹底實行，想要找到一塊屬於

30　見〈沉淪〉，收入《文集·自己的園地》，頁80。
31　見〈文藝批評雜話〉，收入《文集·談龍集》，頁7。
32　見〈婦女運動與常識〉，收入《文集·談虎集下卷》，頁408。
33　見《文集·談虎集下卷》之〈後記〉，頁622。

「自己的園地」亦屬不易。他在僞滿時期出任要職，被後人責爲「叛徒」、「漢奸」，並因此受到唾罵與負面評價，這個生命中重大的關鍵決定，除了其與日本淵源甚早、甚深有關之外，個人主義所發展出的道德、是非判斷，恐怕也有極重要的影響。

1924 年以前的周作人，確實是對人生充滿理想，這點從他對日本新村的嚮往即可看出。然而，1924 年以後的周作人，思想與人生觀已逐漸改變，雖然在 1927 年寫的〈潮洲峰歌集序〉一文中，他仍認爲「中國所缺少的，是澈底的個人主義」[34]，但他的內心世界確已有所不同。在當時政治局勢混亂，人心動搖，且戰火不止的情況下，人往往不易從外部或內部找到依靠，於是就退縮到自我構築的小天地中，企圖從自身尋找中心，卻發現自己並不了解自己。這種徬徨苦悶的煎熬階段，從五四時期開始，許多知識分子都曾經歷過，周作人也是其中之一。1925 年的元旦，他就明白承認：「以前我還以爲我有著『自己的園地』，去年便覺得有點可疑，現在則明明白白的知道並沒有這一片園地了。」[35]

雖然理想和希望已經幻滅，對體現個人主義生活的新村理想的追求也已放棄，但是，周作人並未與此同時放棄個人主義的原則，只不過，在方式上他做了另一種選擇：他開始通過審美的人生態度，使生活本身進入藝術，進入欣賞的領域，藉以淡化、調適其絕望的情緒，而通過這種態度，周作人不僅使生活審美化，也把理想審美化。於是「理想」就僅成爲一種「愛好」和「趣味」而已。1925 年 5 月，他在給友人的信中就曾說道：

> 我們的高遠的理想境到底只是我們心中獨自娛樂的影片。

---

34 見《文集‧談龍集》，頁 78。
35 見〈元旦試筆〉，收入《文集‧雨天的書》，頁 190。

> 為了這種理想，我也願出力，但是現在還不想拼命。我未
> 嘗不想志士似的高唱犧牲，勸你奮鬥到底，但老實說我慚
> 愧不是志士，不好以自己所不能的轉勸別人，所以我所能
> 夠勸你的只是不要太熱心……[36]

既然是個人的「趣味」，所謂國家民族的「是非」、「忠奸」，似
乎不必太過執著了。

　　然而，不幸的是，北伐、五卅慘案、抗戰等攸關國家民族的
事件不斷接踵而至，「主義」的力量高漲，「救亡」的呼聲四起。
當面臨一種主義、一種信仰來統一思想、行動的時候，周作人卻
仍堅持個人主義自我中心的原則，遂陷入了左右夾攻的困境。從
1924 年以後，周作人一連發表了幾篇聲明自己抱持游戲人生態度
的文章，在〈沉默〉一文中他說：「其實我們這樣說話作文無非只
是想這樣做，想這樣聊以自娛，如其覺得沒有什麼可娛，那麼儘
可簡單地停止。」[37]在《陀螺‧序》中他說：「這一冊小集子實在
是我的一種小玩意兒……我本來不是詩人，亦非文士，文字塗寫，
全是游戲----或者更好說是玩耍。」他強調說，他所謂的游戲，不
是多少含有不誠實的風雅和故意的玩笑的意味，乃是兒戲、是玩。
他更進一步說，除玩之外別無工作，玩就是他的工作。他甚至把
自己過去對於舊倫理道德及其衛道者的批判也說成是玩，「好像是
小孩踢球，覺得是頗愉快的事，但本不期望踢出什麼東西來，踢
到倦了也就停止，並不預備直踢到把腿都踢折 ── 踢折之後豈不

---

36 見〈與友人論性道德書〉，收入《文集‧雨天的書》，頁 158。
37 見《文集‧雨天的書》，頁 195。

還只是一個球麼？」[38]

　　從早期的尊重自己但不忘人類的積極個人主義，到後來在生活中講究情趣和韻味，以「玩」爲工作，周作人的思想確乎是經歷了一段自我調適的轉折。傳統中國文人和名士的生活情趣，逐漸成爲他的個人主義的中心。就這一點而言，周作人和林語堂都很受晚明文人的影響，而這也是他們在 1949 年以後受到批判的原因之一。有時，我們不免覺得，他雖生在 20 世紀，但卻在「自己的園地」裡追尋 16、17 世紀的山人和名士的生活。換句話說，他在理智和知識上是「現代化」的，但他對魏晉、晚明文人的生活方式，又有一種不能割捨的依戀。這其中也包含了很大的「享樂」成分。

　　他的以「趣味」、「享樂」、「游戲」爲中心的生活方式、哲理，從他所提倡的「美文」（散文小品）可以得到部分的映證。他曾經將晚明散文看作五四散文小品及五四新文學的源流，對於公安派、竟陵派所主張的「抒性靈」及「立真字」大表贊同，認爲是「真實的個性的表現」[39]，而這也是周作人自己遵循的創作原則。換言之，周作人的散文小品與晚明公安文人的小品，是有著創作觀念、創作精神上的共鳴與繼承。他自己就曾編了一本《明人小品集》，在序言中他說：

> 在他們的文章裡，有嬉笑，有怒罵，有幽默，有感慨，所謂文章的規律，所謂文學的道德，他們都一腳踢翻了，前人覺得有聊的，他們覺得無聊，前人覺得值不得歌詠描寫的，他們覺得值得歌詠描寫了。前人都是做那些忠君愛國

---

38 見〈與友人論性道德書〉，收入《文集‧雨天的書》，頁 158。
39 見〈雜拌兒跋〉，收入《文集‧永日集》，頁 172。

的大文章，他們專喜做那些遊山玩水，看花釣魚，探梅品茗的小品文了。在他們這種文章裡，確實活現地表現了作者的個性。……我是一個不歡喜裝腔作調的人，因此也就不歡喜那種裝腔作調的文章。漢魏六朝文同韓柳歐蘇以至桐城派那種「文以載道」的文章，於我的個性不大相合，有時讀了要頭疼。但是明朝這一些向來被人輕視的小品文字，我卻愛不忍釋。[40]

由此可見，他對晚明文人富情趣、講享樂的生活型態，確實是心嚮往之。

然而，我們也不能忽視了他喜愛、推崇晚明文人背後的用心。誠如他在〈明人小品集序〉中所言，在那種只願「保全性命於亂世，不求聞達於諸侯」的生活裡，他們只好在山水蟲魚，琴棋書畫裏討快樂，只好在那種瀟灑自如的小品文裏討安慰了。在周作人看來，「小品文是文學發達的極致，它的興盛必須在王綱解紐的時代」[41]，而明末與五四時期，乃至二、三〇年代正是這樣的時代。因此，我們雖不能否認，晚明文人的生活型態，或許是他真心所喜愛的一種人生境界，但是，更真實的理由應該是，這是一種解脫、安慰，一種解嘲，也是爲自己的選擇 —— 不論是政治或生活 —— 的一種辯護。他的內心絕不會像那些論「玩」的文字那樣輕鬆，而是有著無奈的難言之隱。處於左右夾攻的困迫窘境，以聲明自己玩世的態度，恐怕是用來做爲擺脫一切社會糾紛的手段之一。

---

40 周作人所編之《明人小品集》，1987 年台灣金楓出版社曾重印，這段話即引自該書之周作人原序，頁 36。
41 見〈冰雪小品選序〉，收入《文集・看雲集》，頁 189。

　　綜觀周作人的人格特質，我想可以這麼說：他是理想主義者，但是又未必有殉道的決心；他有入世的精神和言行，然而也只是淺嚐即止；他雖趨向於塵世的享樂，但也要求自己要精雅而有節制。這種人格特質的表現，個人主義的影響是很明顯的。

　　在五四時期的知識分子中，周作人的人生態度非常具有代表性，「以趣味為主」、「只要自己好好地受用」是當時的流行語。中國閒適文人的傳統人生觀受到個人主義精神的刺激、促進，儘管在當時高喊救亡、愛國、犧牲的大時代潮流下，顯得不合時宜，但是卻能在一部分文人中蔓延、流行，這並不是表示他們不「愛國」，只是人人都高喊愛國，在國家的概念下，個人的性格遭受到漠視、扭曲，周作人反對這種不平衡的個人／國家關係，遂以個人主義作為精神解脫的手段。

　　他提倡「趣味」、「閒適」，以「玩」來面對沉重的國家命運，這種心態的形成，實有其不得不然的背景因素。在客觀條件上，他赴日讀書、愛好日本文學的經驗，娶日本妻子的關係，這些都是他對日本懷抱深厚情感的原因，他日後之出任日本扶持的偽滿政權要職，不能忽略了這層淵源對他下決心的影響力。此外，個人主義思想的形成，也是在主觀上決定他在政治上做選擇的重要原因。當我們了解了這一層，對周作人長久以來所負的「漢奸文人」、「附逆」之罪名，或能有一份同情的理解吧！

「周氏三兄弟」中被遺忘的周建人

一、在兩位哥哥的光芒掩蓋下，周建人甚少被人提起

　　一如艾米莉・勃朗特、安妮・勃朗特、夏綠蒂・勃朗特三姊妹出現在 18 世紀英國文學史上一樣，在中國近百年歷史中，也曾出現了不少名聞遐邇、影響深遠的名門大族。「宋氏三姊妹」、「周氏三兄弟」，就是這樣的著名家族。如果說，「宋氏三姊妹」的影響，主要在中國近代的政界、軍界、商界；那麼，對我國現代思想界、知識界，諸如文學藝術、文化教育、科學技術、新聞出版等領域產生過重大而深遠影響的，恐怕非周樹人（魯迅）、周作人（啓明）、周建人（喬峰）這「周氏三兄弟」莫屬了。而在「周氏三兄弟」中，魯迅、周作人在文學上的光芒顯赫，在近代中國產生極大的影響，特別是魯迅，在中共的刻意「神化」、「推崇」下，儼然是新文學的一代宗師，是思想界的導師，其地位屹然而不可

動搖。至於周作人的散文，一如魯迅的小說，也是光采奪目，影響深遠，雖然他後來在政治立場上有所偏差，擔任了僞滿州國的教育總長等職，但他在學術、文學上確有其不可忽視的成就。

周建人就不如此「幸運」了。

在兩位哥哥的光芒掩蓋下，他幾乎很少被人提起，甚至被遺忘，即使他在生物學的研究、推介上有其一席之地，即使他在婦女運動的提倡上開風氣之先，但在兩位哥哥巨大的「陰影」下，他一直默默地走著自己寂寞的路。也許，比起魯迅、周作人來說，他比較「幸運」的一點是，96 歲的高齡，使他在中共政權建立後，出任了浙江省長、「全國人大常委會副委員長」、「全國政協副主席」等職位，平順地度過他近一世紀的漫長生涯。他沒有兩位哥哥的轟烈事蹟，也沒有他們的聲名大噪，但也因此，他沒有受到浮沉起落的人間糾葛，也沒有受到正反兩極的抨擊或推崇，得以能在自己喜愛的教育工作、科學研究上，投注心血，持續鑽研。

對身爲「周氏三兄弟」一份子的周建人，我們對他的認識確實不多，可是他也確有屬於自己微弱但不可忽略的光芒，透過此文的介紹，或許可以使他「模糊」的面目稍爲清晰吧！

二、魯迅和周作人一起為他取名為「建人」

周建人（1888～1984），清光緒 14 年 11 月初 9 誕生於浙江紹興城都昌坊口周家新台門。最初取名松壽，小名阿松，後名建人，字喬峰，筆名則有克士等。他的祖父周福清，是清末翰林，父親周伯宜，是秀才，可說是書香世家。母親魯瑞，紹興鄉下安橋頭人，粗識文字。大哥周樹人（魯迅），生於 1881 年，比他大 8 歲；二哥周作人，生於 1885 年，比他大 5 歲。周建人排行第三。

　　周氏家族雖是四代同堂的大家庭，但已逐漸衰微破落，從 1892 年他剛開始懂事起，到 1907 年，他一家先後就有十多位親人接踵去世，其中包括了他的外婆、祖父、父親等。由於家庭的困頓和敗落，周建人從小體弱多病，長得又矮又瘦，台門里許多人都說他瘦得像一隻「病雞」，有人還暗地裏說他可能活不長。7 歲時，周建人開蒙，在家自修，主要是讀《鑒略》。這段時期，他一方面跟著哥哥學習國文，幫忙抄寫；另一方面，如祖父所寫的《桐華閣詩抄》等，他都端端正正地抄寫過。後來，魯迅、周作人相繼離家到南京讀書，家裏所有的信，幾乎都由他執筆。9 歲入會稽縣學堂讀書，由於這是所維新派的學校，因此所教都以新學為主。1903 年，他 15 歲，這年 7 月，大哥魯迅從日本休假回來，二哥周作人也放暑假，從南京回到了紹興。他們三兄弟很難得團聚在一起。休假期滿，魯迅和周作人在離開紹興前，感到弟弟已上學讀書，不能再用小時候的幼名，應當有個學名才好，於是一起給他取名為「侃人」，有為人須剛直、和樂的意思。到了第二天，又感到「侃」字讀起來很拗口，最後改定名為「建人」。

　　1905 年底，會稽縣學堂按新章程，學生畢業後可升紹興府中學堂，可惜考試當天，他因遲到而誤了考期，未能入學。第二年，紹興僧教育會辦了一所小學校，由於老秀才不會教新課，而會稽縣學堂新學畢業的，又大多升入府學堂讀書去了，經一位姓錢的同學推荐，周建人擔任了紹興僧立小學的教師、校長。這年，他剛 17 歲。也是在這一年的 6 月，魯迅奉母命回家，與山陰朱安女士結婚，同月旋返日本，中止學醫，轉而研究文藝，而周作人也同時赴日留學。

三、一生志向的養成，魯迅的指導有關鍵性的影響

在擔任教師、校長期間，他除了全心辦教育外，假日則自修植物學與英文。對這一人生志向的養成，魯迅的指導有關鍵性的影響。

周建人從小對植物有濃厚的興趣，常常在天井花盆裏仔細察看花草。父親過世以後，兩個哥哥出了遠門，護養花草的任務自然地落到了他的肩上。在學得了一些初步的花草知識以後，他也自己動手種植和栽培。魯迅在三味書屋讀書時，課餘愛看《南方草木狀》、《釋蟲小記》、《釋草小記》等動植物書籍，周建人也常去翻閱，這培養了他對生物學的愛好。魯迅對幼弟的生活、前途一直十分關心。身為長子，他理應挑起全家生活的重擔，但他和周作人卻都外出讀書、留學，學成回國還需要一段時間，在經濟上根本無法資助家庭，擔子反而落到了弟弟的肩上，全靠他微薄的教師薪水，養活母親和一家，對此，魯迅內心感到內疚不安。因此，當魯迅知道周建人對植物學研究有濃厚興趣時，就多方加以鼓勵、協助。1904 年，魯迅轉入仙台醫專後，曾把自己學醫用過的解剖顯微鏡和解剖刀等工具，帶回來送給他，還把法國脫拉司浦克（slrusborger）《植物學》英譯本及英國傑克遜《植物學詞典》原文本等送他。1909 年，魯迅又從日本寄回英文譯本《植物學教科書》，以及《植物生物故事》，希望他好好研究植物學、生物學，在自然科學上有所建樹。

由於家境所困，他不能像兩位哥哥一樣赴日留學，而必須賺錢維持家計，對這一點，他不免有些委屈，但幸好樂天的他，在哥哥的長期支持下，努力自修，才闖出自己的一片天地。民國 5

年，魯迅又從北京把《礦物學》、《物種變化論》、《自然史》等新書，寄給了周建人。直到民國 19 年 9 月，魯迅還從上海內山書店函購日本大型生物學叢書《生物學講座》一套，共一百多冊，送給他研究。可以說，魯迅對他走上自學的道路，有決定性的影響，而這或許是魯迅補償心理的作用所致吧！

不僅在專業研究上，魯迅對他多所啓發，即使在革命思想上，他也深受魯迅的影響。魯迅當初在日本留學，起初學醫，後來感到醫人的病並非救國的有效道路。為了喚醒民眾，魯迅改行轉而從事文藝活動，以求醫治人們精神上的疾病。魯迅還從日本寄來《教育今語雜誌》等許多新書刊，使周建人有機會讀到章太炎、陶成章等革命黨人鼓吹種族革命的文章，從而受到思想上的啓蒙。

辛亥起義，全國各地陸續響應。紹興在光復前，周建人就和魯迅一起加入反清的文學團體「越社」的革命活動，在學校裏，他還公開號召並組織學生發起「剪辮運動」，並上街為許多人剪去了辮子。民國成立，魯迅出任山會初級師範學堂監督（校長），周建人則繼續在僧立小學教書。第二年春天，紹興僧教育會解散，學校經費來源斷絕，僧立小學奉令停辦。不久，他應聘到水神廟小學任校長。當時，全省小學師資嚴重缺乏，許多學校被迫停課，浙江省教育部門決定舉辦「小學教師養成所」（相當於現在的師範學校或師資培訓班）。他應聘擔任了養成所的教員，主講博物學。這一年，他 24 歲。

由於周作人在日本留學時與羽太信子結婚，而這一年 5 月，羽太信子分娩，請其妹羽太芳子來紹興照料，因此而與周建人相識。26 歲時，周建人與羽太芳子結了婚，兩人婚後曾把結婚照片寄給了在北京的魯迅，《魯迅日記》上對此曾有記錄，看來魯迅起

初對弟媳婦的印象並不壞。不過,第二年(民國四年),羽太芳子產下一子,卻不到一歲就夭折。這件事使她的精神受到很大的刺激,脾氣也變壞,雖然日後她千方百計求醫,也回日本娘家醫治,但終不見起色。這為她後來與周建人感情的最終破裂並分居、離婚,留下了隱患。

從民國4年以後,周建人到紹興明道女中教書,同時在南街下的成章女校兼課,直到8年底離開紹興為止,凡五年。在從事女子師範教育的這段經歷,對他一生思想的發展和人生觀的建立,產生了重大影響。他從二〇年代初期起,即致力於我國婦女解放運動,以後又積極主張尊重婦女、保護兒童、提倡節制生育,這都跟這段時間的生活經驗有關。而他在紹興僧立小學、女子師範、明道女中等校從事中小學教育工作和植物學的研究,有十四年時間,也打下了一生學問研究的基礎。

四、發表婦女問題宣言,成為五四時期婦女運動的重要文獻

民國8年,周建人31歲。這年12月底,他隨母親等一行,舉家遷到北京,住進了新購買的房子。其時,魯迅在教育部任職,周作人在北京大學等校任職。次年,經魯迅介紹,周建人進入北京大學攻讀哲學,旁聽科學總論等課程,課餘進行自然科學翻譯與研究工作。不久,在魯迅推荐下,離開北京到商務印書館編譯所任編輯,所長是高夢旦,他與章錫琛合編《婦女雜誌》。在擔任編譯工作的同時,積極投入社會政治運動,熱心於婦女問題的深入探求,從而使他成為我國現代婦女解放運動的先驅者之一,在國內外產生了重大而深遠的影響。

　　民國9年8月1日，周建人與胡愈之、周作人等十七人發起組織「婦女問題研究會」，並在北京《晨報》副刊上發表了〈婦女問題研究宣言〉。宣言中指出，婦女要求得政治上的民主自由，有賴於經濟上的自立自主，而婦女個人的獨立自由，又必須與社會解放相一致。這個宣言成為「五四」時期我國婦女運動的著名文獻，產生了很大的影響。

　　從那時起，直到民國19年的十年當中，周建人先後發表了有關婦女問題的文章近百篇，在當時《婦女雜誌》上，就發表了33篇。在這些文章中，如〈舊婦女的任務是什麼〉、〈權利是要自己爭來的〉、〈戀愛的意義與價值〉、〈性教育的幾條原理〉等，都是開風氣之先的觀念力作，對當時的社會現象有一針見血的批判。如果說，五四時期的魯迅，曾經在小說中喊出了震聾發聵的「救救孩子」的強烈呼聲的話，那麼，周建人在這一時期的許多文章，則是緊扣「救救婦女」這一主題，為爭取婦女解放而呼籲。

　　民國13年5月，經友人介紹，周建人與原紹興女師學生王蘊如女士在上海結婚。兩年後，長女周曄出世；又兩年，二女周瑾出生。為了撫養兩個孩子，王蘊如無法再外出工作，全靠他在商務印書館菲薄的薪水，養活全家四口。儘管生活非常艱苦，他並沒有停止已經開始的生物學研究，沒有放棄對科學的執著要求。周建人曾以「克士」署名，寫了許多通俗生動的科學小品文，其中影響最大的，首推〈蜘蛛〉，在這篇文章中，他寫出了蜘蛛的生態、習性和科學研究及觀察實用價值。民國23年，上海生活書店在保持原有《文學雜誌》的同時，新辦了《世界知識》、《譯文》和《太白》，號稱「四大雜誌」。周建人與這四份雜誌都有聯繫，而與《太白》的聯繫最為密切。他在《太白》共發表了科學小品

二十多篇,這是他寫作科學小品最多也最集中的一個時期。他的科學小品,往往從幼時的回憶,或從身邊瑣事談起,漸漸引入話題,然後用生動有趣的筆調,娓娓道來,講談科學道理,給人以豐富的知識。他寫的〈睡〉、〈關於蜈蚣〉、〈屋子裏的小蟲〉、〈金魚〉、〈談談頭髮〉、〈桂花樹和樹上的生物〉等,就是兼具情趣與科學知識的文章。

五、始終不忘研究自然科學,不與兩位哥哥爭光朵

　　周氏三兄弟的第一次「合作」,恐怕是在民國 11 年,他與魯迅、周作人合譯了《現代小說譯叢》(署名周作人),內收魯迅譯文 9 篇,周作人譯文 18 篇,周建人譯文 3 篇,合計 30 篇,於該年 5 月由上海商務印書館出版。民國 21 年「一.二八」戰事後,商務印書館被燹,工廠一度停工。他和別的職員一樣,也被迫停職,生計再度發生問題。偏偏此時他又有了三女周蕖,生活負擔更爲沉重。爲此,魯迅再度伸出援手,請蔡元培設法,使周建人能重返商務印書館工作,才勉強解決了五口之家的溫飽問題。這年,他 44 歲。

　　民國 25 年 10 月 19 日,魯迅在上海病逝。此後,「周氏三兄弟」中,只剩下周作人與周建人了。第二年,魯迅先生紀念委員會決定收集魯迅遺物,出版《魯迅全集》和《魯迅三十年集》。這是一項龐大的出版計畫,魯迅之妻許廣平與周建人等人付出了巨大心血,在魯迅逝世兩周年的日子正式出版。

　　他與魯迅的情感、思想深厚且一致,但他與二哥周作人卻在政治立場上截然不同。抗戰爆發後,周作人不顧文藝界人士一再要他離京南下的忠告,以「家累甚重」爲由,待在北京,後來竟

出任偽滿州國的教育總長等職。其實，魯迅對此甚為憂慮，在抗
戰前夕，魯迅因與周作人反目絕交，無法跟周作人直接對話，便
找周建人商量，表達希望周作人到南方的心願。在這段期間，周
建人發揮著「中介人」的作用。

　　抗戰勝利後，他到開明書店工作，掛職領薪，終於解決了他
全家的生計問題。此後，他除了繼續生物學的研究外，也開始寫
起大量政論文章。中共政權建立後，他正式與羽太芳子結束婚姻
關係。他的夫人王蘊如則曾在出版總署和高教部圖書館工作，1958
年退休。至於周建人，則依然不忘其自然科學的研究。他曾先後
出版了《生物進化淺說》、《論優生學與種族歧視》、《科學雜談》
等著作。即使在九十歲以後，他也持續撰寫了很多科學論文，如
〈計畫生育與傳宗接代〉、〈略談科學與宗教之爭〉等。1984 年 7
月 29 日，他在北京因鼻癌病逝，享年 96 歲。

　　和魯迅、周作人動盪的生命相比，周建人似乎平靜多了，他
活了近一世紀，看到了中國近百年來的風雲變幻，也無可避免地
會被捲入政治的漩渦中，特別是受到他的大哥魯迅的影響。不過，
如果在「周氏三兄弟」的招牌下，他能有屬於自己的一點地位，
那絕對不是在政治，而是在於他對教育、出版、科學、婦女問題
上所做的一些成績。他沒有魯迅的聲名大噪，廣受推崇；也沒有
周作人的備受爭議，文采燦然。他倒更像是一個科學家，在自己
的軌道上默默前進。他從不與兩位哥哥爭光采，他只是守本分地
做「周氏三兄弟」的一份子 —— 對他來說，這已是莫大的光采。

「補白大王」鄭逸梅

　　上海作協的魏紹昌先生，日前應邀來台參加中央大學舉辦的兩岸紅學交流活動，其間曾與筆者有過幾次閒聊，有一回他提到了著名的文史掌故作家鄭逸梅，已於二年前過世。這位活了近一世紀的老人，他的一生，都在書堆中打滾，並且出版了約六十餘部單行本的著作，加上零星散稿，已逾千萬言，尤其是他自創的「鄭公體」，極受讀者歡迎，被稱爲「補白大王」。他的過世，可說是文壇的一大損失。

一、愛書成癖，自小以讀書爲樂事

　　清光緒 21 年（1895）生於蘇州的鄭逸梅，早在二〇年代就已躋身文壇，並曾主持《金剛鑽報》筆政，以及《申報》、《新聞報》、《時報》的特約撰稿人，筆耕生涯長達七、八十年。主要作品有

《南社叢談》、《藝壇百影》、《話舊書報》、《逸梅隨筆》、《逸梅雜札》、《藝林散葉薈編》、《藝林散葉續編》等多種。其知識之淵博龐雜，寫作之持恆不輟，買書、藏書之豐富，愛書、讀書之成癡、成癖，在近世作家中恐已不多見矣。在他逾千萬言的名世文稿中，他自認並沒有一部可以稱得上傳世之作的鴻篇鉅著，而只能是餚饌中的「紅雜拌」而已。他筆下出現的，大多是人物掌故，或爲師立傳，或爲友紀事，或爲文史補闕，或爲冤屈者鳴不平，內容十分浩瀚紛雜。也許是近一世紀的見聞，使他信筆寫來，都是一些軼事掌故，既富趣味，又有史料價值，加上他本人一直有志於此，使他在這方面有了極可觀的成就。

　　鄭逸梅祖籍安徽歙縣，外祖父在清末兵荒馬亂中逃到蘇州，後來開了茶館，家境逐漸小康。他的外祖父在三十多歲時才學起文化，經過十餘年的自學，粗通文史。每當外祖父在誦讀文章，翻閱書報，撰寫文稿時，鄭逸梅總站在一旁，凝神注視，在他幼小的心中就萌生了一種感覺：讀書是一種樂趣，一種享受，是比玩耍更有趣的事。從此，他每天認真識字，並學著外祖父的樣，經常從書架上抽出書來翻看，這無形中使他自然走入了文史知識的領域中。對於上學讀書，他從小就以爲是件樂事。他最先入的是上海露香園附近的敦仁學堂，後又轉入蘇州長元和公立第四小學堂。從唸書起，他就偏愛國文課，而且作文也獲得全校第一，經常受老師表彰和策勵。

　　民國 6 年，他考進江蘇省立第二中學，校舍在蘇州玉帶河草橋之側，故俗稱草橋學舍。這是所在當時極富名望的中學，校長名袁希洛，從這所學舍畢業後成爲名家的不乏其人，例如畫家吳湖帆、雕塑家江小鶼、史學家顧頡剛、教育家葉聖陶、小說家范

煙橋、劇作家于伶等。當時，學校中有一位胡石予先生給了他極大的教益。胡先生有空時常到蘇州書店去買書，寬敞的宿舍裏放的全是書，曾自題有這樣的詩句：「四壁縱橫五千卷，一樓垂臥十三年。」鄭逸梅經常到其宿舍去拜訪、請教，因此，他曾如此說道：「我雖從小愛書如命，可是真正懂得讀書，應當說是得益於胡先生的」。

此外，鄭逸梅一生愛梅成癖，並以梅為號，究其根柢，也是由於胡先生的教誨之力。其實他的乳名叫寶生，讀私塾時學名為際雲，後來他在夢中忽夢見一石刻，有「逸梅」二字，正合他意，遂以此二字為別號、筆名，終其一生，沿用不替，本名反倒不行。胡先生在當時即是以畫梅名世的畫家，詩畫流傳亦廣，曾繪了不少梅幅送給鄭逸梅。

二、自創補白式短文，甚受讀者歡迎

在他讀中學時期，正值辛亥革命前後，當時有一鼓吹革命的《民立報》，其副刊「東南西北」對他啟迪頗大。副刊上的文章都篇幅短小，言之有物，如柳亞子的《磨劍室隨筆》、陳匪石的《舊時月色齋詞論》、葉小鳳的《一萬里山水美人記》等，都觸及時事，文筆優美，他一篇篇剪貼，反覆誦讀。這不僅對他的思想有所啟發，在文風上也受其影響，他後來自創的「補白」式短文，就是受「東南西北」副刊的影響。除《民立報》副刊外，他還愛看《民權報》副刊「天花亂墜」。這家報紙副刊上的小品文很受社會大眾歡迎。18歲那年，他到上海度暑假，適逢「天花亂墜」副刊徵文，於是他就嘗試寫了一篇〈克買湖遊記〉，投寄出去後三天，那篇文章登出來了，用的就是逸梅這個名字。

　　興奮不已的鄭逸梅，捧著那份報紙激動不已，不料那天傍晚，一個陌生青年送來了一封信和幾元稿費，他打開信一看，原來是該報副刊編輯吳恤寫的。信很短，其中有兩句話令他終生難忘：「如此文章，多多益善。」這對一個初次投稿的文學青年而言，是極大的鼓勵。而且，《民權報》副刊稿費分為甲、乙、丙、丁四等，他那篇只有幾百字的短文竟被列為甲等，使他對自己的寫作能力有了信心。

　　這位副刊編輯吳恤，也是位名記者，他的「恤」字，由「心」和「血」兩部分組成，由於其待人十分熱誠，對作者十分尊重，人們遂把「恤」字衍化成為「熱心熱血」，簡稱為「雙熱」，後來，吳恤乾脆就以「吳雙熱」為筆名從事寫作。由於他的熱心，使鄭逸梅在寫作生涯的起始得到了鼓舞。自從發表了那篇短文之後，他開始積極創作。不久，《民權報》因反對袁世凱暴虐統治而被封，其編輯蔣箸超心不甘服，別出月刊《民權素》，約他撰稿，並為他開了專欄「慧心集」，連載多期。鄭逸梅為雜誌撰稿，以此為始。同時，他也為《小說叢報》、《小說新報》寫稿。

　　當上海的報刊風起雲湧時，《申報》、《新聞報》和《滬報》為上海鼎足而分的三大報。而這三家報紙的副刊「自由談」、「快活林」、「小時報」，他都任特約撰述，長期為之寫稿。此外，還為《上海繁華報》、《笑畫》、《最小報》、《快活》旬刊、《星光》雜誌等刊物寫稿，這樣每月計有數萬言。

　　鄭逸梅的文章特色很明顯，在篇幅上，多則數百言，少則十餘字。描寫人物，不寫其全人，而只描繪其一眉一目、一笑一顰，使人從中看到其人的特點；記述事件，不寫其來龍去脈，而只是擇其涉筆成趣的部分加以渲染；抒寫情懷，也不作長篇抒情體文

稿，而只是以格言點綴其間，三言兩語，含蓄濃縮，至於其主旨
則留待讀者去玩味了。這樣的文章，與那些鴻篇鉅著自是不同，
但它小巧、玲瓏，鑲嵌於其他長文的末尾，「補」了版面的「白」，
久而久之，人們就名之曰「補白體」，而他因姓鄭，於是，「鄭補
白」之名號就不脛而走了。

這些補白體文稿，由於言之有物，雖然短小，卻像吃橄欖一
樣雋永有味，加上讀者可以迅速看完，因此甚受讀者歡迎。1982
年，他集中這類短稿由北京中華書局出版了一部《藝林散葉薈
編》，風行一時，1987 年接著又出版了續集。也許是他的補白文
章極受好評，後來不少報刊每有「補白類」的文章，竟都署名鄭
逸梅所作，甚至還有人提出了「無白不鄭補」這句格言式的話來，
足見他在這方面的名氣之大。有人也稱他自成一格的文章為「鄭
公體」。香港有一位老作家高伯雨，就曾仿他的寫作風格，寫了筆
記小品，並自稱是仿鄭公體。

「補白大王」這一名號的產生也有一段來歷。最早是由民初
一著名的通俗小說家徐卓呆提出的。徐卓呆此人極有趣味，人稱
「東方卓別林」，又稱「笑匠」、「滑稽大師」，原名傅霖，字築巖，
由築巖而諧音為卓呆。徐卓呆原先是搞體育的，後來轉為戲劇，
與歐陽予倩等同為近代戲劇的創始人。而後又轉為寫小說，出筆
很快，什麼都能寫，每次在寫字檯上，放置一小鐘，一小時寫一
千字，毫不含糊。徐卓呆還有個別號叫李阿毛。鄭逸梅等人就開
坑笑稱徐為阿毛哥。有一次，徐聽到他的稱呼後，久久地注視著
他，後來突然大笑說：「阿毛哥送給逸梅弟一個雅號，就叫補白大
王吧！」他連聲說「不敢」，但在旁的人一起鬨，就一致通過了。
此後，徐卓呆就在各種場合，和另一評彈兼小說家姚民哀搭檔，

不斷地稱他爲「補白大王」，因此打響了名號。連平時書信往來，徐卓呆也不稱「文安」之類，而特稱爲「補安」，如此一來，「補白大王」就成了他的註冊商標了。後來，上海潮音出版社準備出版他一本小冊子《慧心粲齒集》，他請徐卓呆寫序，結果徐又在序中寫道：「鄭子逸梅，善作短雋之文，凡新出之各雜誌，莫不有鄭子之作。編者以其至短，難以成頁，故悉殿於頁尾，於是『鄭補白』之名傳遍著作界矣。」徐氏之說，一直影響到半世紀以後的今天。

　　有趣的是，這一名號在文革期間卻使他吃足苦頭。一些紅衛兵不懂二、三〇年代的文壇掌故，望文生義，認爲這是「山大王」一類的綠林草寇，「補白」而成爲「大王」，一定是非常專橫跋扈了，既然是「權威」，那非得打倒批臭不可了。文革期間的鄭逸梅，已是七十餘歲的老人，但也難逃折磨的苦難。據他在《我與文史掌故》一書中的追述，有這樣一段描寫：

　　　　1966 年 8 月 26 日，突然，弄堂口傳來了一陣陣喧嘩聲，還夾雜著汽車的喇叭聲。我頓時忐忑不安起來，我懷疑這夥人是衝著我家而來的。果不出所料，汽車開到了我的家門，從車上跳下一二十條「好漢」，衝進我的家，衝進我的斗室，抓起一捆捆書就往車上扔。我眼睜睜地看著我的書籍、字畫，被他們粗暴地亂扔亂拋，被他們踩在腳下。一車裝去了，再來，抄了後樓，又抄前樓。抄完了書廚，又抄衣櫃、箱子，最後，還翻起床鋪，把藏在床底下的那些書也抄走了。整整裝了七車，把該抄的都抄走了，這夥人就洋洋得意地劫掠而去。古人說「學富五車」，而我被抄去的卻是滿滿的「七車」。

從以上這段描寫可以看出，文革對知識分子的迫害真是非常徹底。除了剝奪他們的精神食糧外，也不忘在身體上的勞動折磨。兩鬢花白的鄭逸梅被逼每天寫「認罪書」，先後共寫了二十多萬字。紅衛兵見認罪書中挖不出什麼材料，就罰他每天掃二次地，不論寒暑足足掃了兩年，此外他還挨過打，罰跪更是不計其數。那場浩劫，使他右手成了半殘廢，寫字不停地顫抖。但他並不因此放棄心愛的寫作事業。

三、戲稱自己是拾破爛，一生筆耕成績傲人

　　長年累月下來，他出版了六十多本書，主要的有 1926 年的《梅瓣》、1929 年的《茶熟香溫錄》、1932 年的《孤芳集》、1934 年的《逸梅小品》、1935 年的《逸梅叢談》、1957 年的《上海舊話》、1981 年的《南社叢談》、1982 年的《藝壇百影》、1983 年的《文苑花絮》、1988 年的《掌故小札》、1989 年的《逸梅隨筆》、《人物和集藏》、《逸梅收藏名人手札百通》等。海外及台港等地也有翻印其著作的，如臺灣在民國 67 年就曾翻印過《逸梅小品》、《逸梅叢談》、《瓶笙花影錄》三書。三年前，大陸的黑龍江人民出版社還出版了上中下三冊精裝的《鄭逸梅選集》，計有二百萬字。由此可以看出他一生筆耕的傲人成績，及其在文壇上受重視的程度。在這些著作中，《南社叢談》無疑是一部重要作品。南社，是清末民初的一個重要的革命文學社團，社員多達一千多人，作家名流雲集，引領風騷一時，而鄭逸梅也是南社成員之一。其實，早在他青少年時代在蘇州草橋學舍讀書時，有兩位老師便是南社名宿，一位是胡石予先生，一位是余壽頤先生，詩才敏捷，出筆不凡，所作經常在《南社叢刻》上發表。鄭逸梅因此

機緣，就購買並反覆閱讀南社的機關刊物《南社叢刻》。不久，他為《民權報》、《生活日報》撰稿，開始和主編蔣箸超、徐枕亞通信，這兩位主編也是籍隸南社的。此後在筆墨聯繫中，他又結識了很多南社成員，有的交往甚密，如范煙橋、陸澹安、包天笑、高吹萬、胡樸安、周瘦鵑、陸丹林、許半龍等，陸丹林、許半龍是他入社介紹人，並介紹他結識了柳亞子、姚石子、胡寄塵、姜可生、莊通百等，彼此一見如故。有一回在靈山舉行的南社紀念會上，他又結識了一百多位南社新友，因此，南社成員千餘人，他相識三分之一以上。由於有這個優越條件，《南社叢談》才能順利完成。

　　原本他只想寫 10 萬字，不料一動筆，越寫越多，竟寫了 54 萬字，花了他一年多時間，內容包羅甚廣，保存很多和辛亥有關的人、事史料，其中還有一百七十多篇社員的傳記。近年來上海組織了南社研究會，擬聘他為「名譽社長」，他因精力不濟而婉言相辭了。不過，由柳亞子之子柳無忌在美國組織的國際南社研究會，則邀請他為該會名譽會員。

　　除了讀書、買書、藏書之外，鄭逸梅的文史掌故文章之所以能風行一時，歷久不衰，恐怕與他的收藏書畫、尺牘、書札的嗜好也有關係。他就曾戲稱自己是個「拾破爛的」，又好像是一個「收舊貨的舖子」，破銅爛鐵，零縑殘束，略加整理，他都認為是有用之物。例如喪家發出的訃告，他認為往往附有行述，從行述中可獲許多的史料，且生卒年月是很正確的，提供編名人年表時最可靠的依據。像他藏有的羅振玉訃告就十分珍貴。羅振玉是前清時代的遺老，後參加滿清傀儡政府，頭銜很多，其中領賞一項，在訃告中用朱筆標列出來，如賞紫禁城騎馬，賞大清歷朝皇帝實錄，

賞金珠袖口，甚至賞元宵、粽子、月餅、臘八粥等，都視爲光寵條目列出。這對研究羅振玉其人其事，以及晚清歷史，都是珍貴的史料。他也收藏喜慶請帖。例如書畫家趙叔孺，與吳湖帆、吳待秋、湯超然爲四大畫家，他就藏有趙叔孺的嫁女帖；楊惠公的兒子民望，與豐子愷女兒陳寶結婚，他也藏有他們的請柬。在這些請柬中，我們可以看到當時的社會風尙，這不也是一種「史料」嗎？

鄭逸梅活了近一世紀，一生經歷辛亥革命、洪憲稱帝、張勳復辟、軍閥混戰、八年抗戰、國共內戰，所見所聞，不可謂不多，而他有心地以筆爲歷史寫下一些真實細節，從生活中替社會發展做側面紀錄，這些千萬言的著作，正是這百年來中國的歷史見證，社會縮影。他一生替報刊補白，寫人物掌故，如今我也用這篇文章，呈現他的一鱗半爪，算是替他的一生補白，讓讀者了解這位「補白大王」的一些掌故吧！

清靜的熱鬧

—— 「白馬湖作家群」的散文世界

一、現代散文史上的「白馬湖作家群」

　　散文作家楊牧在其所編的《中國近代散文選》一書中，為史覽之便，將五四以來的散文分成七類，並略述其品類特徵及源流[1]，其中夏丏尊一派，他特別提出「白馬湖風格」此一論點，認為夏丏尊以一篇〈白馬湖之冬〉樹立了白話記述文的模範，並將朱自清與之並列為白馬湖風格派的領袖。他還進一步指出，包括郁達夫、俞平伯、方令孺、朱湘、徐訏、琦君、林海音、張拓蕪等

---

[1] 楊牧說：「所謂散文，歸納起來，不過以下七類：一曰小品，周作人奠定其基礎；二曰記述，以夏丏尊為前驅；三曰寓言，許地山最稱淋漓盡致；四曰抒情，徐志摩為之宣洩無遺；五曰議論，趣味多得之於林語堂；六曰說理，胡適文體影響至深；七曰雜文，魯迅總其體例語氣及神情。」見《中國近代散文選・前言》（台北：洪範書店，1981），頁 5。

人都可歸入這一派。此外,如林文月、叢甦、許達然、王孝廉等人的作品也多少流露出白馬湖派的風格。對於楊牧的品類縷述和作家歸類,我們或不盡然贊同,但他能單獨拈出「白馬湖風格」加以討論,不能不說是別具慧眼[2]。

　　「白馬湖風格」的形成,是由一群志同道合、情趣相投的作家,在白馬湖的山水薰染之下,以作品所凝聚成的一種獨特風格。這群作家,在中國現代散文史上通常被歸進以周作人為領袖的清淡小品散文流派中,而未給予應有的地位。對白馬湖作家所呈現的集體文學風貌予以凸顯並加以闡述,是八〇年代以後的事。有的學者如朱惠民(浙江寧波市區黨校高級講師)將這些作家稱為「白馬湖派」散文作家;有的學者如陳星(浙江杭州師範學院副教授)則稱之為「白馬湖作家群」。雖然二者指涉的對象並無二致,但我們認為比較周延的說法應是後者。理由是「作家群」的概念較符合文學史的事實,因為,這些作家主要的依託是文學研究會寧波分會,他們和北方的語絲社的美文系統合流,形成以周作人為主的小品散文流派,因此,若從現代散文史的角度來看,將其視為周作人散文流派的一翼比較適切。既為派下分支,再稱之為「白馬湖派」並不妥,不如以「群」稱之較無爭議。

　　「白馬湖作家群」並無一個有形的組織,也沒有提出任何口號,它是自然形成的,是一群作家共同的文學趣味與美學追求下

---

2 香港學者黃繼持在《香港文學》1985 年第 3 期中,發表一篇評論散文作家小思(即盧瑋鑾)的文章〈試談小思〉,文中提到,小思的作品《豐子愷漫畫選繹》和《路上思》「似已可躋身於當年白馬湖畔散文作家之列」;而大陸學者陳星在 1991 年 1 月發表於《杭州師範學院學報》的論文〈台、港女作家林文月、小思合論〉中,也無獨有偶地對其白馬湖風格有所析論。在這些不多的相關文章中,最早提出「白馬湖風格」一詞的應屬楊牧。

的結果，而且通過作品揭示了此一文學風格的藝術特徵。當然，這些作家在散文創作時，不曾有過要創一個文學流派的想法，然而，若從作品的藝術特質、作家的審美情趣、生活經歷以及時代、地域、刊物、社團等諸多因素綜合考慮，我們固不可以一嚴謹的文學組織視之，但其所透顯出的群體風格卻又是不能不予以完整、獨立地加以陳述。我們可以說，在二〇年代中後期，寧波分會的一群作家，其散文作確實呈現了一種整體的、以清淡為主的風格，這些風格近似的作家，以詩文相交，以情義相知，同在浙江省上虞縣白馬湖畔的春暉中學任教、生活，在彼此的友誼中領略生命的愉快，在互相的藝術薰染中提昇心靈的境界。這群作家基本上是以夏丏尊、朱自清、豐子愷為核心，結合了包括王世穎、葉聖陶、劉大白、劉延陵、朱光潛、李叔同、鄭振鐸、張孟聞、俞平伯、徐蔚南等多位作家，他們或多或少都曾領受過白馬湖的靈山秀水，與寧波有地域上的關係，而且在宣揚藝術、提倡美育方面做了一些實際的工作。更重要的，他們在這段時期所寫下的一些文章，特別是以白馬湖為背景的散文，其清淡、雋永、潔淨一如白馬湖的湖水，令人陶醉、難忘。因此，在現代散文的審美角度下，「白馬湖風格」的作品「幾乎成了近乎完美的範本」[3]，而此一群體的散文也經常被海峽兩岸、香港等地的中學課本收入，或以之作為現代散文研究、賞析時的範例。對於「白馬湖作家群」的文學成就與價值，我們認為在以周作人為首的所謂「人生派」小品的勢力籠罩下，有必要加以正視並賦予它在文學史上應有的一席之地。

---

3 陳星：〈令人難忘的白馬湖作家群〉，《中央日報·長河副刊》，1995 年 4 月 2 日。

二、白馬湖畔的「白馬湖作家群」

「白馬湖作家群」是一群非常可愛的文人、藝術家。他們在二〇年代因緣際會地有多位曾先後於春暉中學任教或講學，並因此吸引了一批趣味相投的作家往來聚會，以人文薈萃的藝術風華照亮了白馬湖的自然麗景。這種「言詠屬文」的情致，正是「以文會友」的最佳寫照。

他們的這段文學佳話，恐怕得從夏丏尊說起。秉性良善敦厚的夏丏尊，於 1921 年從杭州回到家鄉浙江省上虞縣，任教於白馬湖畔的春暉中學，不到幾年，在他的周圍竟陸續聚集了十餘位當時文壇均屬一流的文人作家，他們一面認真教學，一面利用課餘時間把酒臨風，詩文相屬，過著田園牧歌式的文學沙龍生活，寫出了許多流傳至今的散文佳構。

這群亦師亦友的作家們，另外也在寧波省立第四中學兼課，1925 年起又先後到上海立達學園兼課，雖然課務繁重，但因當時的春暉、四中、立達等校都受到五四新文化運動的精神感染，充滿了文化朝氣，因此他們雖然舟車勞頓，卻也樂此不疲。夏丏尊、朱自清教的是語文課，朱光潛教英語，劉延陵教文化史，豐子愷教音樂美術，再加上俞平伯、葉聖陶、李叔同、劉大白等人又先後來此講學，他們充分對應了五四時期「王綱解紐，處士橫議」的大環境，喜作抒情言志、具個人意識的美文，這些散文呈現了他們的個性、才氣，無形中也造成了這群人獨特的散文風貌。

除了文風相近外，他們彼此間的情誼深厚也是令人嚮往的因素之一。尤其在春暉園中，由於家眷也聚居於此，大家朝夕相處，完全像是一家人似的。夏丏尊的「平屋」與朱自清不過一牆之隔，豐子愷的「小楊柳屋」和「平屋」也相去不遠，而豐子愷和他的

老師李叔同的「晚晴山房」又是相鄰，因此，他們不僅在學校談
文說藝，回到家中依然暢言盡飲，以切磋為樂，將生活與文學做
了最自由、充分的結合。以此深誼為基礎，他們在文學上也不忘
相互提攜，例如朱自清為夏丏尊的兩本書寫序；夏丏尊把朱氏的
散文集《踪跡》介紹給上海出版；豐子愷為《踪跡》設計封面；
朱自清則替豐子愷的第一本漫畫集作序，替他的第二本漫畫集寫
跋；朱光潛的散文集《給青年的十二封信》，是在朱自清、豐子愷、
夏丏尊等人的影響下完成，並由夏氏介紹出版；劉延陵曾幫朱自
清助編刊物《我們》，俞平伯、葉聖陶也曾與朱自清共商編輯事宜。
[4]此外，又如俞平伯的詩集《憶》，一共收了 36 首詩，豐子愷即為
之畫了 18 幅插圖，還有朱自清的跋，圖文並茂的背後，其實正說
明了他們彼此之間在文學聯繫上的密切關係。

　　同仁性質的文藝刊物，往往也是結合作家情感的重要媒介。
白馬湖作家群本身並無所謂代表性的機關刊物，正如他們沒有任
何組織形式一般，他們的作品發表的園地，或者是主編的文藝刊
物，基本上均屬於文學研究會寧波分會，例如《我們》、《四中之
半月》、《春暉》半月刊和立達學園的會刊《一般》，還有寧波分會
下的一個社團組織「雪花社」曾創辦社刊《大風》，後又在白馬湖
畔創辦文藝刊物《山雨》。這些刊物或多或少醞釀了白馬湖散文風
格的形成。其中最為人熟悉的刊物是由朱自清、俞平伯主編的《我
們》，豐子愷、劉延陵助編，葉聖陶參與其事，整個編輯活動是在
寧波四中和春暉中學進行，所發表的文章也大多出自白馬湖作家
群之手，充滿了典型的白馬湖風格。

---

4 這段作家們彼此提攜的敘述，主要是參考朱惠民〈紅樹青山白馬湖〉一文，
　收入其主編之《白馬湖散文十三家》（上海：上海文藝出版社，1994），頁 252。

　　從日常生活的頻繁往來，到詩文寫作的提攜切磋，進而共同
將文學理想透過刊物加以表現，這群作家在白馬湖畔獲得了豐
盈、雅緻的美感經驗，不論是來自自然山水，還是人文性靈，他
們和那一湖春水同時享受了天光雲影的溫暖感發。一篇篇精緻動
人的散文，一本本情趣盎然的文集，就在湖水的見證下，被寫進
了現代散文史的卷帙中。

三、「白馬湖作家群」筆下的白馬湖

　　白馬湖美麗的散文世界，是來自於這群作家透過白馬湖的生
活美所取境創作的文學美。他們對著娟麗不俗的湖光山色，觸景
生情，緣情布景，一旦涉筆為文，白馬湖自然成了他們在題材表
現上的一大主題。那麼，在這些清淡質樸、韻味無窮的文學作品
背後，白馬湖到底具備了怎樣的神奇力量呢？

　　根據陳星先生實地走訪白馬湖後所寫的〈人文薈萃白馬湖〉
一文，有如下的一段敘述：

> 白馬湖位於浙江省上虞縣城西北五公里處。舊名漁浦湖，
> 周二十餘公里，三面環山，重岫疊巘。濱湖諸山三十六澗，
> 悉會於湖。湖中有癸巳山、羊山、月山，湖邊有漁村農舍，
> 一派田園風光。據《水經注》云，該湖創始時，塘堤屢坍，
> 民以白馬祭之，故名白馬潭；另一說晉時縣令周鵬舉乘白
> 馬入湖中不出，人以為地仙，故名。白馬湖的美，美就美
> 在它的野趣，美在桃花源似的寧靜，它的超凡秉性，使自
> 己成了千丈紅塵中的清涼世界[5]。

5　見陳星：《拜訪文學的故鄉》（台北：幼獅文化公司，1994），頁88。

也許是因為白馬湖如此的風光令作家們深深著迷吧,他們都忍不住將這種美好的見聞感受用筆鑄為形象。朱自清就有如下的描寫:

> 這是一個陰天。山的容光,被雲霧遮了一半,彷彿淡妝的姑娘。但三面映照起來,也就青得可以了,映在湖裡,白馬湖裡,接著水光,卻有另一番妙景。我右手是個小湖,左手是個大湖。湖有這麼大,使我自己覺得小了。湖在山的趾邊,山在湖的唇邊;他倆這樣親密,湖將山全吞下去了。吞的是青的,吐的是綠的,那軟軟的綠呀,綠的是一片,綠的卻不安於一片;它無端的皺起來了。如絮的微痕,界出無數片的綠;閃閃閃閃的,像好看的眼睛。湖邊繫著一條小船,四面卻沒有一個人,我聽見自己的呼吸。想起「野渡無人舟自橫」的詩,真覺物我雙忘了。(〈春暉的一月〉)

素淨的文句,清淡的筆調,將白馬湖的美景如繪般地呈現在讀者眼前。作家的整個心境已被湖水盛景緊緊纏繞,不覺而有「物我相忘」的感受。朱自清說,春暉給了他三件禮物:美、真誠與閒適。這也說明了白馬湖何以能吸引那麼多文人的原因。靈山秀水,加上才子名士,的確是相得益彰。

朱自清在另一篇完全以白馬湖為謳歌對象的散文〈白馬湖〉中,更進一地寫道:「湖光山色從門裡從牆頭進來,到我們窗前、桌上」,他認為白馬湖一天中最美的時刻是黃昏:「湖上的山籠著一層青色的薄霧,在水裡映著參差的模糊的影子。水光微微地暗淡,像是一面古銅鏡。輕風吹來,有一兩縷波紋,但隨即平靜了」;至於一年之中最好的時光則是春天:「山是青得要滴下來,水是滿滿的、軟軟的。一株間一株地種著小桃與楊柳……在春天,不論是晴是雨,是月夜是黑夜,白馬湖都好。雨中田裡菜花的顏色最

早鮮豔，黑夜雖什麼不見，但可靜靜地受用春天的力量。夏夜也有好處，有月時可以在湖裡划小船，四面滿是青靄。船上望別的村莊，像是蜃樓海市，浮在水上，迷離徜恍的；有時聽見人聲或犬吠，大有世外之感。」這些直陳內心真實感受的散文，使人不禁隨之進入宛如桃花源仙境般的美麗世界裡。

豐子愷在比較了住上海與春暉兩地的感受時說道：「我覺得上海雖熱鬧，實在寂寞；山中雖冷靜，實在熱鬧，不覺得寂寞。就是上海是騷擾的寂寞；山上是清靜的熱鬧。」（〈山水間的生活〉）這是真正體會了山居生活後的自白，對白馬湖的讚賞表露無遺。除此之外，以一篇代表作〈白馬湖之冬〉享譽文壇，歷久不衰的夏丏尊，對白馬湖的冬天情味作了直接而有力的刻劃。此文寫於1933 年，夏丏尊已遷居上海，可是他認為：「在我過去四十年的生涯中，冬的情味嘗得最深刻的，要算十年前初居白馬湖的時候了」，而他所領略的冬的情味，又幾乎從風來。他寫道：

> 白馬湖的所以多風，可以說有著地理上的原因。那裡環湖都是山，而北首卻有一個半里闊的空隙，好似故一張了袋口歡迎風來的樣子。白馬湖的山水和普通的風景地相差不遠，唯有風卻與別的地方不同。風的多和大，凡是到過那裡的人都知道的。

在他的筆下，白馬湖的風天天都有，「呼呼作響，好像虎吼」。當風刮得厲害時，「天未夜就把大門關上，全家吃畢夜飯即睡入被窩裡，靜聽寒風的怒號，湖水的澎湃」。夏丏尊意味深長地說：「我於這種時候深感到蕭瑟的詩趣，常獨自撥劃著爐灰，不肯就睡，把自己擬諸山水畫中的人物，作種種幽邈的遐想。」由於這篇散文的膾炙人口，白馬湖從此出了名，而「白馬湖作家群」也找到

了與其藝術特色相符的名稱。

　　自然山水的美，當然是吸引這群文人聞風而來的主因，但另一個原因也絕不能忽略，即春暉學校中的師生情誼與人文氣息。在 1927 年至 1928 年間曾執教於春暉中學的作家張孟聞即戀戀不捨春暉的溫煦人情與白馬湖的秀麗風光，他的〈白馬湖回憶〉一文中，就對當時的春暉生活有如下的生動回憶：

> 上課的教室樓有欄杆的長廊，憑欄眺望，近挹湖光，隔湖山色，排空送翠，從垂柳葉叢裡掩映到眼前來；有時還有好鳥啼聲，婉轉清唳。課餘在校內有好友相伴，校外這幾家鄰居都是書香人家，不是世家，就是老師，而且室內雅潔，四壁圖書，垂掛的就是他們和他們友儕的字畫，室外是蒔花的院落或家常的菜圃。如〈陋室銘〉所云：「苔痕上階綠，草色入簾青；談笑有鴻儒，往來無白丁。」徜徉其間，流連忘歸[6]。

　　文化氣息的濃厚，師生同事情感的真篤，對這群作家的凝聚產生了強化作用。俞平伯在 1924 年春天到白馬湖時，曾有一段日記寫到他的印象：「春暉校址殊佳，四山擁翠，曲水環之，菜花彌望皆黃，間有紅牆隱約。村居絕少，只十數家，校舍不砌垣牆，而亦無盜賊，大有盛世之風。學生樸實，理解力亦好。」[7]足見白馬湖的自然與人文二者皆美的客觀條件，才是「白馬湖作家群」會隱然成形的主因。文學與地域之間的相互影響，白馬湖作家們的活動及其作品，正好提供了一個近乎典型的範例。我們可以說，

---

6 朱惠民：《白馬湖散文十三家》，頁 243。
7 俞平伯：〈憶白馬湖寧波舊游〉，載於《文學雜誌》第 3 卷第 5 期，1948 年 10 月。

沒有白馬湖令人神往的清秀景致，則這些作家們的筆下將減去不少絢麗的光彩；而若沒有這些才氣縱橫、富教育愛與人性美的文人投身其間，則白馬湖的美名將褪色許多，甚至於，可能爲人所不知了。

根據資料，目前有關「白馬湖作家群」的遺蹟，除了白馬湖不變的綽約風姿外，美麗的春暉中學校舍以及鄰近的夏丏尊的「平屋」，和豐子愷的「小楊柳屋」依然存在。其中「平屋」已被闢爲夏丏尊的紀念堂，成爲遊客流連瞻仰的勝蹟[8]。

四、「白馬湖作家群」的散文風格

「白馬湖作家群」的文學創作特徵，楊牧曾簡單地指出是「清澈通明，樸實無華，不做作矯揉，也不諱言傷感」[9]。基本上，這已抓住了此一文人群體的散文風格。一如白馬湖清新、靜謐的湖水，他們的散文也流露了相同的意境。上述所引的朱自清〈春暉的一月〉，豐子愷〈山水間的生活〉、夏丏尊〈白馬湖之冬〉等文，即是對「白馬湖風格」作了最佳詮釋的作品。情濃而墨淡，在疏密之間揮灑自如，宛如一幅幅的寫意畫，令人愛不釋手。

他們的作品，當然有其個人獨特的創作傾向，但是都內涵著一種清淡雋永的神韻共性。他們的散文特色，毫無疑問地，是繁華落盡後的天然風姿，是反璞歸真。這種美學上的一致追求，可以說是他們在藝術上的共同風貌。例如散文被譽爲「白話美術文的模範」的朱自清、俞平伯二人，他們的寫作即主要是樸實清新一路，這一點，從他們同題寫作的散文〈槳聲燈影裡的秦淮河〉

8　陳星：《拜訪文學的故鄉》，頁 92。
9　楊牧：《中國近代散文選·前言》，頁 6。

中可以看出。朱、俞二人於 1923 年 8 月的一個晚上，坐船同遊秦淮河，回來後各寫了一篇傳誦至今的精彩遊記。在朱自清的筆下，「秦淮河的水是碧茵茵的，看起來厚而不膩，或者是六朝金粉所凝麼？」船行到河中，他覺得「河中眩暈著的燈光，縱橫著的畫舫，悠揚著的笛韻，夾著那吱吱的胡琴聲，終於使我們認識綠如茵陳酒的秦淮水了。此地天裸露著的多些，故覺夜來的獨遲些。從清清的水影裡，我們感到的只是薄薄的夜 —— 這正是秦淮河的夜」。這些描繪，雖然不免有一些絢爛之美，但他筆下的秦淮河一點也不庸俗、華豔，反而充滿著輕柔的嫵媚。作者發自內心的真摯情感、樸實的風采，在這幅娟秀的工筆畫中不時出現。至於俞平伯眼中的秦淮河，也是看似濃郁實則平淡，他寫道：

> 我們，醉不以澀味之酒，以微漾著、輕暈著的夜的風華。不是什麼欣悅，不是什麼慰藉，只感到一種怪陌生、怪異樣的朦朧。朦朧之中似乎胎孕著一個如花的笑……這麼淡，那麼淡的倩笑，淡到已不可說，已不可擬，且已不可想。但我們終久是眩暈在它離合的神光之下的。

俞氏與朱氏的散文一樣，表現了秦淮河夜色的絢麗，但仍不失其素樸的內涵。兩人內心的情思折射於外在風華萬千的秦淮河之夜，反更顯其朦朧、清淡的詩的意境。

　　和〈槳聲燈影裡的秦淮河〉、〈溫州的踪跡〉相比，朱自清稍後寫的〈背影〉、〈兒女〉等文就更顯出一種平淡之美。而俞平伯的〈西湖的六月十八夜〉、〈眠月〉、〈打橘子〉等文，寫的是日常之事、友朋之情，卻是淡而有味的好文章。其他如夏丏尊的〈貓〉、〈春暉的使命〉、〈我的畏友弘一和尚〉等文，寫出了他在白馬湖生活中的快慰與悲懷，我們彷彿可見其悲天憫人的生活態度。讀

豐子愷的〈漸〉，可看出他的時間哲學；他的〈兒女〉一文，流露出對子女的欣喜和贊美；而〈懷李叔同先生〉更是描繪弘一大師的名作，字裡行間充滿了對其恩師的懷念與贊歎。這種重情重義的自然表現，完全是發自他們純正的人格力量。須有如此之人，才有如此之文，這不是文詞的藻飾可以做到，也不是故作灑脫狀就算，而是真正的「出於自然」。也就是這種人格力量的顯現，才有了白馬湖作家群清淡如水的文風。

　　也是白馬湖常客的弘一大師，早在 1924 年秋，就應夏丏尊之邀，捲著一席舊鋪蓋，在白馬湖過了一段粗茶淡飯卻喜悅不改的日子。佛理的體驗，使他的散文超凡絕俗，沒有人間煙火塵味，如〈白馬湖放生記〉、〈給夏丏尊的信〉、〈我在西湖出家的經過〉等文，就是從絢爛歸於平淡後的代表作，宗教的意蘊極濃，可以說是他恬淡人格的自然流露。朱惠民先生認爲，白馬湖作家清淡風格的形成，似與夏丏尊、豐子愷、俞平伯等人的佛緣有關[10]，這種看法大致不差。從他們的作品裡，我們知道俞平伯喜讀佛經；豐子愷以居士自居，終身吃素，其《緣緣堂隨筆》正是說明了他與佛法的因緣不淺；夏丏尊譯過佛經，與佛也有緣，他的「平屋」，除了表示陳設的簡單外，不也有以「平淡」自許的意味嗎？

　　其他的白馬湖作家，在散文風格方面與上述諸人相比，雖有題材的不同，但其不矯飾、不做作、力求自然暢達的要求並無二致。鄭振鐸的〈貓〉，以生活上的遭遇，道出人與貓的情感，看似寫貓，實則寫人，充滿警世的寓意，發人深省。口語化的寫法，說故事的情調，表現的仍是白馬湖的平淡文風；朱光潛的〈無言

10　朱惠民：《白馬湖散文十三家》，頁 266。

之美〉一文，哲理處處，強調文學的美感還在於「無言的意蘊」，認爲「這個世界之所以美滿，就在有缺陷，就在有希望的機會，有想像的田地」。這種寓深理於平實之文的寫作方式，也是白馬湖風格下的產物。而這種文學觀，也正是白馬湖作家群所服膺、實踐的中心思想。

　　誠如朱自清在〈白馬讀書錄〉中，對春暉學生的勸勉，他說，作文要有「味」，要有生活。「味是什麼？粗一點說，便是生活，便是個性，便是自我。」這不僅說得是他個人的文學觀，事實上，也是「白馬湖風格」的最佳註腳。也許，正是由於這些作家們氳氲如清靜湖水的散文風格，產生了一種難以抵擋的魔力，才會至今猶使讀者宛如置身於白馬湖畔，沐浴於其如春風般的散文之美中，而不忍釋手吧！

劉大白與白馬湖

一

　　「五四」新詩草創時期的重要詩人劉大白，一生與詩結下不解之緣，不僅五四之前寫舊詩，五四以後寫新詩，連學術著作也以詩爲研究對象，加上深具詩人氣質，可說是五四詩壇出色的代表詩人之一。在其52歲的一生中，共出版了《叮嚀》、《再造》、《秋之淚》、《賣布謠》以及《郵吻》等五部詩集，其中前四集是從以前的《舊夢》中分輯而成，五部詩集共有詩作六百餘首，數量十分可觀。[1]

　　五四那年，劉大白其實已是39歲的中年人，在那之前，他的

---

1 劉大白的新詩其實只有兩集問世：1924年由商務印書館出版的《舊夢》和1926年由開明書店出版的《郵吻》。《舊夢》共有新詩六百餘首，1930年時將之改編爲《叮嚀》等四個集子由開明書店再版。《郵吻》則收其後期新詩31首。

文學創作經驗主要是舊詩詞，有《白屋遺詩》傳世，然而，一股文學熱血使他仍不愧為新文學文壇一員闖將。五四後的幾年間，是他創作欲的高峰，除了不斷在《民國日報・覺悟》副刊、《星期評論》等刊物上發表詩作外，1922 年 11 月下旬，還在杭州創辦《責任》周刊，共出了 15 期，劉大白除為該刊撰寫發刊詞〈責任底意見〉外，也充分發揮關懷社會的積極熱情，提筆為文，鼓吹新文化，正如他在《魯迅郭沫若劉大白郁達夫四大家詩詞鈔・序》中所言，要「從今以後，豎起脊骨做人」，對自己有著高度的期許。1924 年，他的新詩集《舊夢》由上海商務印書館出版；1926 年 12 月，詩集《郵吻》由上海開明書店出版。這些新文學萌芽期的傑出詩作，使劉大白成為承先啟後的優秀詩人。

　　劉大白除了是一位傑出的現代詩人，同時也是對我國教育文化有多方面造詣和建樹的學者、教育家。他曾於 1924 年擔任復旦大學、上海大學教授，開始以較多精力和時間投入教學工作和學術研究，四年後，他應浙江省教育廳廳長蔣夢麟之邀，出任教育廳秘書；1929 年 7 月，被派任教育部常務次長，10 月由杭州赴南京就任，政務十分繁忙。不久又接任政務次長，甚至在蔣夢麟辭教育部長職後，代理部務兩個月。戮力從公的積勞，加上講學著書不輟，夙有肺疾的劉大白因此病倒，而於 1932 年過世於杭州。因此，在探討劉大白一生的成就時，除了文學上的耀眼光芒之外，對其在教育上的貢獻也不能忽略。

　　劉大白雖然曾於 1915 年間在新加坡、蘇門答臘等地的僑校教授過國文一年多，但他真正有心改革教學是他應浙江省立第一師範學校校長經亨頤之邀，於 1918 年與陳望道前往任教之後。在一師的兩年多時間，他與經亨頤建立了深厚的情誼。1919 年，經亨

頤當選為浙江省教育會會長，請劉大白兼任該會總幹事。「五四」運動爆發後，經亨頤召集一師全校師生開會，劉大白、夏丏尊等登台演說，並帶領學生上街遊行，高呼口號。當時杭州報刊遂稱經、劉、夏、陳（望道）為「五四浙江四傑」，並封劉、夏、陳、李（次九）四位國文教師為一師的「四大金剛」，他們與經亨頤校長配合良好，共同推動新式教育。

　　然而，第二年，浙江一師發生學潮，當局強行撤去經亨頤的校長職務，並要解聘「四大金剛」，引起全校師生強烈抗議，爆發了著名的「留經運動」，不久，軍警進駐學校，情況惡化。學生到教育廳請願，遭到血腥鎮壓，最後，當局妥協派人調停，答應學生的部分要求：撤走軍警，定期開學，原有教職員復職，但校長則必須另行選聘。經亨頤為顧全大局，辭職離校，隨後「四大金剛」也不眷戀，一起辭職。

　　經亨頤離開一師後，隨即到白馬湖畔，與夏丏尊等人一起籌辦春暉中學的建校事宜。1922 年 12 月 2 日，春暉中學舉行開校典禮，夏丏尊、豐子愷、章育文、劉薰宇等人擔任教職。其後幾年間，白馬湖成了一處人文薈萃的文化勝地，當時馳名文壇的一些作家學者，如朱自清、朱光潛、俞平伯、鄭振鐸、葉聖陶、李叔同、陳望道等，相繼到白馬湖來任教或講學，形成現代散文史上的一段佳話，這批作家也因此被稱為「白馬湖作家群」。而劉大白因著與經亨頤的一段「革命情感」，加上當年「四大金剛」的相近理念，自然成為這群作家中的一員，並因此而與湖光山色優美、文化氣息濃厚的白馬湖有了一段文學上的深厚因緣。

二

　　劉大白在白馬湖的時間集中於 1922 年。他自 1919 年發表〈風雲〉、〈盼月〉、〈思想的監獄〉等第一批新詩後，即不斷創作新詩，到 1924 年出版《舊夢》時，詩作數量已高達 597 首，可知他於這短短五年間是如何銳意於新詩的寫作了。1922 年期間，他多次往返於杭州、蕭山、白馬湖等地（離他的故鄉紹興都不遠），並創作了不少詩篇，發表於《民國日報‧覺悟》、《責任》等刊物上。

　　筆者根據《劉大白詩集》（書目文獻出版社，1983 年），以及蕭斌如編〈劉大白生平與文學活動年表〉（《劉大白研究資料》，天津人民出版社，1986 年），陳孝全、周紹曾選評編輯之《中國新文學大師名作賞析‧胡適劉半農劉大白沈尹默卷》末附之〈劉大白年表〉（台灣海風出版社，1990 年），夏弘寧主編之《白馬湖文集》（浙江省上虞市政協文史資料委員會，1993 年）等資料，整理出他於 1922 年時與白馬湖有關之動態和文學創作情形如後：

　　3 月

　　16 日／自蕭山抵達白馬湖住下，為其首次造訪，直到 4 月中旬離開。

　　18 日／〈小鳥之群〉

　　21 日／〈心上的寫真〉

　　27 日／〈桃花幾瓣〉

　　4 月

　　10 日／〈花間之群‧花間〉

　　中旬／由白馬湖返回杭州。

　　5 月

下旬／第二度到白馬湖住下，直到八月離開。

30 日／〈流螢之群〉、〈謝夢中救我的女神〉

31 日／〈白馬湖之夜〉

6 月續住白馬湖

1 日／〈霞底謳歌〉

2 日／〈看月之群‧五〉

3 日／〈看月之群‧七〉

7 月續住白馬湖

／〈冷風鈔〉六首

／〈夜坐〉（舊詩）

／〈心花〉（舊詩）

8 月 10 日時他在蕭山為第一部詩集《舊夢》寫卷頭自題，可知在 10 日前他已離開白馬湖。

11 月　據載，他有一首新詩〈紅樹〉題記為 11 月 3 日寫於白馬湖，故劉大白有第三度的白馬湖之行，可惜欠缺其他相關資料，無法得知其停留時間與創作情形。

從以上的敘述可知，劉大白與白馬湖結緣是在 1922 年，三度造訪，其中以第二次停留兩個多月時間最長，也寫下較多的詩作。這些詩作中，與白馬湖直接相關的只有〈白馬湖之夜〉與〈紅樹〉兩首，其他或抒情，或論理，與白馬湖無關，但也可藉此看出他這段時期的心境與想法，特別是他與妻子何芙霞女士之間的情意，透過〈霞底謳歌〉、〈心上的寫真〉等詩篇有清楚的傳達。而他所擅長（或慣用）之哲理詩的創作，在〈小鳥之群〉等詩中也有持續的思想記錄與發揮。

三

　　歷來論劉大白詩者，多半將其詩作分成三類，如楊樹芳寫於
1934 年的〈劉大白及其作品〉一文，即指出其詩分爲抒情詩、說
理詩、平民思想的詩三類[2]；而 1990 年出版的《中國新文學大師
名作賞析》（台灣海風出版社）中，也仍將其詩分爲反映民生疾苦、
抒情詩、哲理詩三類。事實上，在劉大白六百餘首的詩中，也確
實可歸納成這三大類型，即社會詩、抒情詩與哲理詩，其中以抒
情詩的數量最多，而又以《郵吻》中的作品較成熟；哲理詩則多
半集中於詩題爲「之群」之下的作品中，如〈落葉之群〉、〈小鳥
之群〉等，當然也有例外；至於社會詩則大多集中於《賣布謠》
中，如〈收成好〉、〈田主來〉、〈新禽言之群〉等，在中國現代詩
人中，以詩作呈現農民之痛苦者，「大白要算是第一個人」[3]。

　　本文不擬對其整體詩風做進一步討論，而只把焦點集中於其
在白馬湖時期作品的探究，至於與白馬湖直接相關的兩首則於下
一節中論述。

　　這段時期的劉大白，正好處於「失業」狀態，因此可以四處
旅行，以寫作爲主，並積極投入籌辦《責任》周刊。不過，《責任》
的創辦是在該年 11 月，因此，之前於白馬湖的活動主要是旅游、
探友，所寫詩作也是以抒情、寫景及人生感觸爲主，少涉及社會
批判，這當中又以抒情詩的寫作最受矚目。以〈霞底謳歌〉與〈心
上的寫真〉爲例，我們看到了詩人濃烈情感的真實發抒，纏綿委

2　見蕭斌如編《劉大白研究資料》（天津：天津人民出版社，1986），頁 276。
3　見張露薇〈論劉大白的詩〉，收入蕭斌如編《中國現代作家選集・劉大白》（香
　　港三聯書店，1994），頁 251。

婉，充滿了浪漫的熱情。在那個強調個性解放的時代，這些詩篇
正表現了詩人不矯揉、不掩飾的奔放情懷：

> 從低吟裏，
>
> 短歌離了她底兩唇，
>
> 飛行到我底耳際。
>
> 但耳際不曾休止，
>
> 畢竟顫動了我底心弦。
>
> 從瞥見裏，
>
> 微笑辭了她底雙頰，
>
> 飛行到我底眼底。
>
> 但眼底不曾停留，
>
> 畢竟閃動了我的心鏡。
>
>
> 心弦上短歌之聲底寫真，
>
> 常常從掩耳時複奏了；
>
> 心鏡上微笑之影底寫真，
>
> 常常從合眼時重現了。　——〈心上底寫真〉

基本上，劉大白是一個性格浪漫的詩人，他自己曾說：「文學家，
誰能不帶羅曼氣呢？羅曼的精神，是文學的生命」（〈舊夢之群〉
之三七）。他有一首〈羅曼的我〉，更直言如果一個人不羅曼，「怎
值得過這橫鐐豎鎖的一生」，這種性格，在他的抒情詩中處處流
露。這首〈心上底寫真〉，描述所愛的女子聲影，無時無刻不縈繞
在自己眼前、耳際，因為，那位女子已深深觸動詩人的心弦，烙
印在詩人的心中。為這份愛情癡狂的詩人，總是在掩耳時聽見她
的聲音，從閤眼時看見她的姿影，其真摯的情感，豐富的幻想，

透過重複的句法，富有節奏的聲律，巧妙而動人地呈現出來。

　　另一首〈霞底謳歌〉，也是情感濃烈、但表達含蓄的情詩，四段的句法相似，意境也統一，如第一段寫著：「霞是最值得謳歌的：當朝暾將出以前，她接受了光明的最先，把最美麗的贈給我了；當夕照既沉以後，她保留了光明的最後，把最美麗的贈給我了。霞是最值得謳歌的！」將該女子爲愛奉獻一切的美好情操以朝暾夕霞的具象描寫作了生動的譬喻。第二段則寫「她能對我低飛慢舞，彷彿靈娥底倩影⋯⋯她能對我薄羞淺笑，彷彿稚女底憨態。」刻畫出女子出色的姿容身影。第三段則指出女子德容兼備，不僅有美貌，更有光華四射的智慧與藝術修養：「她是美和真兼愛的藝術家⋯⋯給我以靈肉一致的慰安；她是華和實並崇的科學家⋯⋯給我以色相都空的智慧。」最後一段則是詩人愛慕之情的表達，希望這位如霞女子可以「作我朝朝暮暮的伴侶」、「作我東東西西的樞機」。全詩明白如話，但也涵蘊無限深情，啓人遐思。

　　根據蕭斌如〈劉大白生平與文學活動年表〉的資料，指出這首詩中所稱揚的「霞」並非天上的晚霞，而是確有其人—劉大白的妻子何芙霞女士。以天上美麗的晚霞形容心愛的妻子，詩人的真心與伉儷情篤於此可知。劉大白獨居白馬湖，掛念著家鄉的妻子，以詩寄意，浪漫而纏綿。他在白馬湖寫的另一首〈謝夢中救我的女神〉，依然是歌詠女性的偉大，他寫道：「昨夜夢中，無端地遭人搜捕：幾回避匿，幾度逃亡，竟到了被逼自殺的最後。其間累次救我出險的，是一群的女性，──一群執梃的女性。」因爲這些「愛之女神」，他說自己的過去與將來「從愛神底腕下得救了」！這裏的「女神」是否即爲何芙霞的化身，我們無從證實，

但此詩與〈霞底謳歌〉寫作時間相近，有此聯想應屬合理。[4]

　　遺憾的是，心上的寫真終於褪色，女神遠走，晚霞畢竟為黑夜所噬，劉大白與何芙霞後來還是因「志趣不同」、「情感不合」仳離。據曹聚仁回憶，劉大白此後未曾再婚，不過，「大白在南京任教育部次長時，曾愛過一個小姐，內情，我們無從知道。劉師病逝在西湖別院中，有一女郎淚容滿面，哭著撫棺致弔，自稱劉師的情侶，她拿出那二顆紅豆為證，大家就明白其中的一切了」[5]。文中所謂「二顆紅豆」有一段來歷：1924 年元旦，其好友周剛直（1926 年時因提倡農民合作，以赤化的罪名遭北洋軍閥孫傳芳殺害）來信，並寄贈一雙紅豆，劉大白視若珍寶，即作〈雙紅豆〉詞三首，後收入《郵吻》中。這兩顆紅豆轉贈給那位女子，足見二人情感之非比尋常，是以紅豆一出，眾人即明白其與大白確實有著深厚的情感。

　　〈花間〉一詩，為其〈花間之群〉中的一首，收於 1930 年 1月上海開明書店初版的《秋之淚》詩集中，這首詩寫其愛花惜花之情，細膩而委婉：

　　　醉向落花堆裏臥：

---

4 根據陳于德〈劉大白事跡述要〉的記載，何芙霞（愛貞）是北洋軍閥時期紹興有名的越東才女，當年她與比自己大得多的劉大白自由結合，詩人才女，曾為當地文藝界談助。他們住在浙江蕭山詩人沈玄廬住宅附近的「白屋」之中。但是過了幾年，劉大白因工作關係經常外出，她竟被當地一個「巡官」引誘，受騙上當……再三要求劉同他離婚。劉大白多次勸導，叫她慎重考慮，……她對他說：「你在報刊上倡導婦女解放，婚姻自由，難道能說不行嗎？」……後來他還給她寫了一封長信，表示不咎既往，苦勸她不要離異。他在這信內又加了一個信封，上面題著兩句詞：「此信不尋常，中有淚千行。」她拆讀之後，仍無動於衷，竟自單方面離開了。從此，大白未再娶婦。參見《劉大白研究資料》，頁 86。
5 引自蕭斌如編〈劉大白生平與文學活動年表〉，收入《劉大白研究資料》，頁42。

> 東風憐我，
>
> 更粉粉亂紅吹墮，
>
> 碎玉零香作被窩。
>
> 愛花不過，
>
> 夢也花間做，
>
> 醒來不敢把眼摩挲，
>
> 正一雙蝴蝶眉心坐。

舊詩詞根柢深厚的劉大白，在其新詩中經常帶有舊詩詞的特點，
這是其詩的一大特色，也是五四詩人走過過渡時期的一個必然現
象。以此詩爲例，工整的押韻，舊詩詞的句法，讀來完全是舊詩
的氣味，從形式到內涵，我們嗅不到清新的氣息，不過，這終究
是新詩的實驗階段，正如他自己於〈從舊詩到新詩〉一文中所言：
「新詩對於舊詩，只是要求解放。局部的解放或是全部的解放，
都是一種解放；脫不了詞調或曲調底傳統氣息的新詩，對於舊詩
也畢竟是局部地解放了」[6]。這可以視爲是劉大白自己的辯駁，而
且言之成理。

　　劉大白在白馬湖期間也寫了兩首舊詩：一是〈夜坐〉，一是〈心
花〉。其實在劉大白的各詩集中，舊詩詞散見各卷，佳句雖多，畢
竟已非文學之大勢所趨，然而，這種對過去詩體的眷戀，與他同
時的詩人也大多如此，如胡適《嘗試集》內有《去國集》專錄舊
詩；康白情也將再版的《草兒》分爲《草兒在前集》（新詩）與《河
上集》（舊詩）；其他如沈尹默的《秋明集》、鍾敬文的《偶然草》
等都是舊詩集，這些都是新詩草創期的作品，也就是胡適所說的

6　本文原載 1929 年 11 月《當代詩文》創刊號，引自《中國現代作家選集‧劉
　大白》，頁 205。

剛放了腳的纏腳婦人。且看〈心花〉:「多謝春皇寵有加,裁將桃李比雲霞。冬心一寸堅於鐵,也被東風羈作花。」寫出春風將冬心改變,如桃李盛開,既是實景,也是情語。

至於〈夜坐〉:「六合沉沉死氣多,銀河終古寂無波。生平不下尋常淚,獨哭星辰在網羅。」則是帶有強烈的社會批判意味,雖然表達依然曲隱含蓄,但對照劉大白對袁世凱、軍閥誤國的悲憤,國事動盪的憂心,便不難理解他對星辰困於網羅的哀慟。看似寫景,實則有其寄託,技巧高妙。

除了寫景抒情之作,劉大白也在白馬湖寫了三組表達哲理的詩作:一是〈小鳥之群〉,二是〈流螢之群〉,三是〈看月之群〉。以詩題而言,似是詠物寫景,其實都是人生哲理的體現,也呈顯出詩人在浪漫之外的理性思索。如〈小鳥・二〉:「如果枷鎖鐐銬,是一種榮典,一定有些人以此驕人,也一定有些人唯恐求之不得」;又如〈小鳥・四〉:「在強烈的太陽光下,能夠熟睡的,不是服了麻醉劑,也是失眠過甚的吧!」這兩首詩都對國難當頭卻猶醉生夢死之輩有所指責,這也說明了他會積極籌辦《責任》周刊、議論時政的用心。類此的小詩創作,是五四詩人的流行風尚,在泰戈爾的影響,以及熱中思考人生意義的風潮推動下,篇幅短小的小詩一時湧現,劉大白創作的小詩就有三、四百首之多,且多能寓理於情,耐人咀嚼。

〈流螢・一〉:「流螢,一閃一閃的,雖然只是微光,也未始不是摸索暗中的一助,如果在黑夜長途旅客底眼中。」全詩宛如一段分行的散文,寫出個人的貢獻即使渺小,也對整個黑暗世界有所幫助。其哲理以生動的譬喻出之,充滿樂觀的想望。〈流螢・八〉則富有強烈的諷喻:「吸人膏血的蚊子,與其說是無情的刺客,

不如看作不仁的富人。」簡單的三行，形象化地以吸人血的蚊子喻不仁的富人，諧謔中有沉痛的控訴。劉大白諸多詩作反映農民為地主壓榨的痛苦，這首詩也是傳達同樣的心境。

再如〈看月・七〉，以月與人心的對比變化，道出物我之間的調適與對待，啟人思省：

> 用歡笑的眼看，
>
> 月是歡笑的；
>
> 用悲哀的眼看，
>
> 月是悲哀的；
>
> 用狂醉的眼看，
>
> 月是狂醉的；
>
> 用寂靜的眼看，
>
> 月是寂靜的。
>
> ………
>
> 人們眼底變幻吧，
>
> 月何曾變幻哪？——
>
> 不，月是照徹人心的明鏡，
>
> 人心變幻了，
>
> 鏡影哪得不變幻呢？

東坡的〈前赤壁賦〉中對此也有精采的議論：「（月）盈虛者如彼，而卒莫消長也。蓋將自其變者而觀之，則天地曾不能以一瞬，自其不變者而觀之，則物與我皆無盡也。」劉大白以散文詩的筆法出之，有其新意，不過說理性太強，詩味淺顯，較少詩的餘味、美感。像〈看月・五〉中的末尾寫道：「但是常人只能用眼看月，詩人卻能用心看月；看詩人詩裏的月，是要眼和心並用的呵！」

這簡直是詩評了。說理過於顯明，是劉大白（或者說是當時詩人）哲理詩作的一項缺失；抒情過於纏綿，以至有時失之累贅，則是劉大白抒情、寫景詩常有的現象，在〈桃花幾瓣〉、〈冷風鈔〉中也不例外。

　　曹聚仁在評《舊夢》時曾說：「哲理詩難得寫好，太深則讀者體會不得，太低又容易流入庸俗，深入淺出，實在很難；大白先生哲理詩，參入人生意義的比較多一點。」[7]從這個角度來看劉大白的哲理詩，或許就不會苛責太過吧！

四

　　在劉大白三度造訪白馬湖期間，新詩的創作一直源源不絕，可見其創作欲之強、詩興之濃，其中的〈白馬湖之夜〉與〈紅樹〉，是實景的描繪，也是心靈真摯的謳歌。在歌詠白馬湖的作品中，散文佔大多數，詩作不多，如朱自清、經亨頤、夏丏尊、何香凝、柳亞子等人雖有詩直接描寫白馬湖，但都是古典詩詞，唯獨劉大白留下了兩首新詩，彌足珍貴。

　　以較早的〈白馬湖之夜〉來說，對白馬湖的山光水色、月夜清景有深情的刻畫，在恬靜閒適的氣氛中，有著詩人觀照自然的激動情緒，其對此湖此山確有一番不同的讚賞：

> 從蒼茫的夜色裏，
> 展開在我底面前了，
> 一幅畫也難肖的湖山。

---

7 原載 1946 年 2 月《公餘生活》第 3 卷第 1 期，引自《劉大白研究資料》，頁311。

明月懷疑了：

「這不是我團欒的影子呵！」

一叢散碎的銀光，

在縠紋也似的明漪中閃著。

怎地淬不滅呢？

水平線下，

錯錯落落地浸著熊熊的烈燄，

摹仿那水平線上的漁火。

如此湖山，

難得如此夜色，

更難得看湖山夜色的如此佳容！

偶然吧，

舊遊重到的我，

過去也不曾看得，

未來也怕難再得。

劉大白詩歌藝術的特點之一，是講究鍊字、鍊句，而這又與其舊詩詞的素養有關，「團欒」、「淬」不滅等字眼，使這首新詩脫不開舊詩的痕跡。第二、三段的設問句法，使詩意有起伏，技巧上富有變化，則是此詩意境營造成功的主因。此外，此詩在視角上也頗新穎，第一段是詩人平望，第二段則仰觀明月，月又俯瞰湖中倒影，第三段再回到水平線上的漁舟，這些景致錯落疊現，使詩人不禁感歎「難得」再三，白馬湖優美的夜色，也因著詩人的情感投射，而在讀者心中留下生動的形象。

　　然而，第四段似顯得畫蛇添足。楊樹芳〈劉大白及其作品〉一文即認為這首詩失之「累贅」，過於纏綿，而指其藝術手腕不完整；張露薇〈論劉大白的詩〉曾有一段評論說：「他以一腔的情熱表現於詩中，有時是很自然的流露，有時流露得太過分一點……有些極好的詩，但多半是不很完美，在一首詩中，如把它當作藝術品看，並非精美無瑕的，常常有幾節很巧妙地寫著，但最末後一二節總是寫得不好，不是呆笨，就是露骨，致失了全篇的精彩與諧和。」以此論點來看這首詩，確實犯了這個毛病。

　　至於另外一首〈紅樹〉，對白馬湖的秋景塑造了一幅動人的畫面：

> 謝自然好意，
> 幾夜濃霜，
> 教葉將花替！
>
> 算秋光不及春光膩，
> 但秋光也許比春光麗；
> 你看，
> 那滿樹兒紅豔豔地！

這首小詩，意境之美自然呈現，給人一種新鮮的感受。劉大白抓住了季節與景物的特點，三言兩語就使秋的形象鮮活地浮顯，情韻幽婉，詩意盎然，因此，王夫凡在〈龍山雜憶〉中特別稱揚這首詩，認為「用辭最工，一字不苟……用韻也異常穩貼入微」[8]。不可否認，這首詩也有舊詩詞的氣味，但已是新詩初期中的佳作

---

8 《劉大白研究資料》，頁306。

了，其字句之清新雋逸，季節流轉之細膩感受，可以看出劉大白的真摯性情與詩作風格。柳亞子後來在白馬湖也題了詩句：「紅樹青山白馬湖」，足見二人對白馬湖畔秋天時紅豔的楓林有著相同的讚歎。

如此湖山如此夜，曾經在二〇年代造就了如湖水清雋恬淡的白馬湖風格，聚集了夏丏尊、朱自清等白馬湖作家群，而在現代散文史上留下一個美麗的註腳，從劉大白的白馬湖詩中，我們因此有了具體的想像。雖然，對劉大白而言，白馬湖之行只是其人生一段短暫的邂逅，但毫無疑問的，那卻是一次「未來也怕難再得」的最美麗的邂逅。

附錄一

黃遵憲詩歌寫作年表

說　明

一、有關黃遵憲的年譜，錢仲聯氏[1]詳加箋註，考證精審，最具權
　　威，也極富參考價值。吳天任氏[2]則後出轉精，增補並訂正錢
　　譜之錯誤，是目前爲止，資料最豐富者。

二、年譜因綜合考述一生行事，故內容混雜時事及個人生活，又
　　缺乏完整而獨立的作品繫年，以致參考不便。吳天任氏撰有
　　《人境廬詩譜》[3]分「紀元」、「干支」、「西曆」、「年齡」、「詩
　　紀」、「備註」主欄加以整理，有首創之功，然亦有可議者[4]。

1　錢仲聯箋注《人境廬詩草》，上海商務印書館鉛印本於 1936 年出版，修訂後
　　上海古典文學社鉛印本於 1957 年出版。
2　吳天任撰《清黃公度先生遵憲年譜》，是 1985 年 7 月台灣商務印書館初版印
　　行，較錢氏晚約五十年，故吳氏在〈序例〉中指出：「茲譜仍以錢書爲底本，
　　增入近五十年來新出文獻。」
3　收於《黃公度先生傳稿》第八章第七節及《清黃公度先生遵憲年譜》附錄。
4　例如《詩草》與《集外詩》的混雜不清，或是事件的安排錯誤（如《日本國

三、本年表之製作，乃爲凸顯黃遵憲詩作與歷史事件的因果脈絡，
　　將其納入歷史發展中予以定位，俾能收一目了然之效。以「寫
　　作年表」的方式，一是避年譜之繁瑣龐雜，一是補詩譜之簡
　　略單薄。

四、本表主要參考下列資料整理而成：

　　1、黃公度先生年譜　　錢仲聯撰

　　2、清黃公度先生遵憲年譜　　吳天任編著

　　3、黃遵憲年譜　　（日）島田久美子編

　　4、人境廬集外詩輯　　北京大學中文系編

　　5、中國近代文學史事編年　　鄭方澤編

　　6、晚清文學年表（初稿）　　李瑞騰編

　　7、中國歷史大事年表　　華世出版社編

　　8、中國歷代名人年譜總目　　王德毅編

　　9、歷代人物年里碑傳綜表　　姜亮夫編

五、本表體例如下：

　　1、年代：含帝號、干支、西曆。

　　2、年齡。

　　3、作品：屬《人境廬詩草》部分，置於前；屬《人境廬集
　　　　外詩輯》部分，置於後，並標示「‧」符號以茲辨識。
　　　　詩題相同者，統歸於前。相關考證部分可參閱吳天任《人
　　　　境廬詩譜》，不另說明。

　　4、時事：以政治、文化、人物活動為主。本欄為《人境廬
　　　　詩譜》所無。

　　　　志》成書應在光緒 13 年，但吳氏卻誤植於 14 年）等。

5、備註：將黃遵憲一生重要行事縮編於此，以供參照。

年代	年齡	作品	時事	備註
同治3年（甲子）1864	17	·感懷 ·別歲	·六月，清軍攻陷天京，太平天國亡。 ·廣州同文館成立。 ·鄭珍卒（1806-1864），有《巢經巢詩鈔》。 ·美國傳教士丁韙良翻譯惠頓的《萬國公法》刊行。	·〈別歲〉詩見《人境廬集外詩輯補遺》，題下注甲子，爲遵憲現存詩中最早之作。 ·《人境廬詩草》存詩自本年始，第一首爲〈感懷〉。
同治4年（乙丑）1865	18	·乙丑十一月避亂大埔三河虛　拔自賊中述所聞　潮州行　喜聞恪靖伯左公至官軍收復嘉應賊盡滅 ·古從軍樂　軍中歌	·3、4月間嘉應州大饑饉。 ·8月，李鴻章成立江南製造局。 ·12月，清軍攻陷嘉應城，康王汪海洋陣亡。 ·借英款143萬英鎊，是外債之始。	葉夫人來歸。
同治5年（丙寅）1866	19	·亂後歸家　送女弟 ·南漢宮詞　鄰婦歎	·福州船政局設立，沈葆楨總理局務。 ·孫中山先生誕生（1866-1925）	兩經兵燹，家境貧薄。
同治6年（丁卯）1867	20	·二十初度　遊豐湖 ·春陰	·清廷下令嚴禁哥老會。 ·金陵、天津機器局與福建船政學堂設立。 ·上海江南製造局開始翻譯格致、化學等西方科學書籍。	春，遵憲應院試，入州學。
同治7年（戊辰）1868	21	·長子履端生　雜感 ·新嫁孃詩	·北捻軍全部敗亡。 ·福州船廠第一號洋式輪船新造完成。 ·蔣春霖卒（1818-1868），有《水雲樓詞》。 ·日本「王政復古令」頒布。	長子伯元生。
同治8年（己巳）1869	22	·哭張心谷　山歌 ·南溪紀遊同石社諸君子	·福建機器局設立。 ·英俄德法美公使於北京訂立《上海公共租界土地章程》。 ·四川、河北、貴州等地有焚燒英、法教堂事件發生。	
同治9年（庚午）	23	·生女　庚午六月重到豐湖誌感　遊潘園感	·6月，天津教案發生。 英美法等七國軍艦齊集	·遵憲本年因研究天津教案事，

1870		賦　香港感懷　寓汕頭旅館感懷　寄梁詩五　將至潮州又寄詩五　鐵漢樓歌 ·詩五大舅之西寧詩以誌別　吾廬　知音朝雲墓　過豐湖書院有懷宋子灣先生　豐湖櫂歌　到花埭納涼同蕭蘭谷梁詩五　買書題闈中號舍壁　榜後到家哭仲叔墨農公爲小子履端寄翁翁爲張貞子丈題梅花生日圖　歲暮　歲暮寄和周朗山	天津一帶示威。 ·王韜（43 歲），由歐洲回國，仍居香港。	取《萬國公報》及製造局所之書盡讀之，其究心時務自此始。 ·秋，至廣州，應鄉試。
同治 10 年（辛未）1871	24	和周朗山見贈之作寄和周朗山　春夜懷蕭蘭谷　聞詩五婦病甚　懷詩五　爲詩五悼亡作 ·春暮　詩五大舅歸自西寧相見有詩	·7 月，俄軍強佔新疆伊犂。 ·9 月，李鴻章、曾國藩奏請派人帶學生出國學習，爲洋務運動培養人才。 ·日清通商《天津條約》訂立。	歲試第一名，補廩膳生。
同治 11 年（壬申）1872	25	·無題　紅牙	·4 月，英人美查創辦《申報》於上海，爲我國歷史最久之報紙。 ·8 月，陳蘭彬等人率第一批留學生詹天佑等 30 人赴美留學。 ·曾國藩卒（1811-1872）。	
同治 12 年（癸酉）1873	26	庚午中秋夜始識羅少珊　羊城感賦六首寄四弟 ·游仙詞　戲作小游仙詞　哭周朗山　約詩五遊陰那山時余將有京師之行　後上余蓉初師	·雲南、陝西、甘肅之回亂平定。 ·鐵路局、招商局設置。 ·王韜（46 歲）創辦《循環日報》於上海。	取拔貢生。7 月，至廣州，應廣東鄉試。重陽後始回。
同治 13 年（甲戌）1874	27	人境廬雜詩　將應廷試感懷　出門　由輪舟抵天津作　水濱武清道中作　早行慷慨　月夜　代柬寄詩五蘭谷並問諸友	·5 月，日軍侵台，台灣人民奮起抵抗。 ·10 月，經英使威妥瑪調停，清政府對日賠款 50 萬兩。 ·基督教士創刊《中西	北上應廷試。秋抵京師。

		狂歌示胡曉岑　重九日雨獨遊醉中作　別賴雲芝同年　爲蕭少尉步青作	見聞錄》於北京。 ·馮桂芬卒（1819-1874），有《校邠廬抗議》40篇。	
德宗光緒元年（乙亥）1875	28	烏之珠歌　田橫島	·光緒帝即位，慈禧太后垂簾聽政。 ·李鴻章督辦北洋海防。沈葆楨督辦南洋海防。 ·8月，派郭嵩燾出使英國，是爲正式派遣駐使之始。 ·9月，日本侵略朝鮮，江華島事件發生。 ·美國人林樂知創辦《萬國公報》於上海。	11月，丁日昌任福建巡撫，欲延致遵憲於幕下，以將應順天鄉試，不果往。
光緒2年（丙子）1876	29	和鍾西耘庶常津門感懷詩　福州大水行同張樵野丈龔藹人丈作　將應順天試仍用前韻述懷再呈藹人樵野丈　大獄四首　別張簡唐並示陳縡尙 ·書龔藹人方伯烏石山房集田橫島齊侯墳二詩後	·8月，李鴻章與英使威妥瑪訂立《煙台條約》。 ·日本、朝鮮訂立《江華條約》。 ·英商怡和洋行建淞滬鐵路成，旋由中國收購拆毀。 ·康有爲（19歲）從今文經學家朱次琦學習於九江禮山草堂。	八月，中式順天鄉試舉人，並入貲爲知府。
光緒3年（丁丑）1877	30	三十初度　將之日本題半身寫真寄諸友又寄內子 　由上海啟行至長崎 ·上巳日寄家書後　張樵野廉訪以直北苦旱嶺南乃潦詩見示次韻和之　裘馬	·基督教設「益智會」編西學書籍。 ·12月，新疆除伊犁外，全部收復。	10月，隨出使日本大臣何如璋赴日本任參贊。
光緒4年（戊寅）1878	31	西鄉星歌　石川鴻齋偕僧來謁張副使	·6月，清政府派崇厚赴俄，辦理接收伊犁及中俄新約事。 ·日本歐化主義風潮盛行。	在日本任參贊，使館中事，多待決於遵憲。
光緒5年（己卯）1879	32	不忍池晚遊詩　宮本鴨北以舊題長華園索和　櫻花歌　送宍戶公使之燕京　陸軍官校開校禮成　都踊歌 ·宮本鴨北以櫻花盛開招飲長華園即席賦詩	·3月，日本佔領琉球，改置沖繩縣。 ·10月，崇厚與沙俄全權大臣修訂交收伊犁的條約。 ·譚嗣同（15歲）本年	·閏3月，與王韜訂交。 ·《日本雜事詩》出版。 ·日人謀奪琉球，爲何使致書

			開始學詩。	總理衙門，力主強硬，據理力爭。
		鶴田嫩姹先生今年八十夫人亦七十其子元縞官司法省來乞詩上壽賦此以祝　關義臣口招飲座中作次沈梅士韻		
光緒6年（庚辰）1880	33	諸君子約遊後樂園大阪　遊箱根　宮本鴨北索題晃山圖　送秋月古香歸隱日向故封　流求歌·浪華內田九成以所著名人書畫款識因其友稅關副長葦清風索題雜爲評論作絕句十一首	·美國迫使清政府簽訂限制華工的《北京條約》。·天津水師學堂開設。·李鴻章創海軍，於大沽設造船廠。	去歲日滅琉球，今年又謀朝鮮，遵憲告何使，乘彼謀未定，先發制之。又上書總署，請將朝鮮廢爲郡縣，不從。又請遣使主持其外交，均不見納。
光緒7年（辛巳）1881	34	近世愛國志士歌　赤穗四十七義士歌　罷美國留學生感賦隨使美洲道出日本余飲之金壽樓·大雪獨遊墨江酒樓歸得城井錦原遊江島詩即步其韻	·2月，俄迫清政府簽訂《中俄伊犁條約》。·上海同文館印書局創立，開始取代木板印刷。·東太后死。·朱次琦卒（1807-1881）。·劉熙載卒（1813-1881），有《藝概》等。	
光緒8年（壬午）1882	35	奉命爲美國三富蘭西士果總領事留別日本諸君子　爲佐野雪津題舭亭海行雜感　九姓漁船曲　逐客篇·留別宮本鴨北	·4月，李鴻章在上海開辦機器織布局。·上海電氣公司設立。·陳澧卒（1810-1882），有《東塾讀書記》。	·春，奉調美國三富蘭士果總領事。·《日本國志》甫創稿本。
光緒9年（癸未）1883	36	·朝鮮歎	·12月，中法戰爭開始。	正月，母吳太夫人歿於梧州。
光緒10年（甲申）1884	37	紀事　馮將軍歌　感懷·越南篇	·中法戰爭繼續進行，法軍擊毀台灣基隆砲台、馬尾船廠。·上海圖書集成局開始鉛活字排印。	觀察美國兩黨總統選舉。

光緒 11 年 （乙酉） 1885	38	八月十五夜太平洋舟中望月作歌　歸國日本誌感　舟中驟雨　到香港　到廣州　肇慶舟中　將至梧州誌痛　遊七星巖　夜宿潮州城下　夜泊　遠歸　鄉人以余遠歸爭來詢問賦此誌感　今夕	·馮子材雖於去年大敗法軍於鎮南關，但清政府卻訂立喪權辱國的《中法條約》，中法戰爭結束。 ·康有爲（28歲）開始編著《人類公理》一書，後來擴充成《大同書》。 ·金和卒（1818-1885），有《秋蟪吟館詩鈔》7卷。 ·左宗棠卒（1812-1885）。 ·日本內閣制度創設。	·8月，由美乞假回國。 ·10月，以木板自刻《日本雜事詩》於梧州。
光緒 12 年 （丙戌） 1886	39	春夜招鄉人飲　小女即事　下水船歌　閉關·詩五有南洋之行口占志別	·6月，吳大澂奏與俄國戡東界事竣。 ·7月，清政府與英國簽定《中英緬甸條約》。 ·10月，台灣正式成爲一省。 ·天津武備學堂成立。 ·王闓運於長沙創立碧湖詩社，自任社長。	閉門發篋，重事編纂《日本國志》。
光緒 13 年 （丁亥） 1887	40	春暮偶遊歸飲人境廬　拜曾祖母李太夫人墓　遣悶　寒食　夜飲　日本國志書成誌感	·簽訂《中葡條約》，我國喪失澳門。 ·蘇格蘭長老會於上海設「廣學會」，著譯新書，介紹西洋文化。 ·張之洞奏華僑被虐，請酌設領事以資保護。	5月，《日本國志》書成。
光緒 14 年 （戊子） 1888	41	十月十九日至滬初隨何大臣使日本即由是日由上海東渡今十二年矣	·3月，清政府派人與美國議定禁止華工赴美事宜六條，遭國內輿論強烈反對，廢止。 ·北洋海軍成立，提督爲丁汝昌。 ·康有爲（31歲）第一次上書請及時變法。	
光緒 15 年 （己丑）	42	由潮州　流而上駛風舟行甚疾　夜泊高陂	·西太后「歸政」，光緒帝「親政」，清廷帝黨與	5月，叔弟公望以狂疾卒。

1889		其地多竹 ‧上寶佩珩相國	后黨兩派展開奪權鬥爭。 ‧丘逢甲考取進士，但無心做官，返台灣。	
光緒16年 （庚寅） 1890	43	自香港登舟感懷　過安南西貢有感　錫蘭島臥佛　溫則宮朝會　重霧倫敦大霧行　在倫敦寫真誌感　得梁詩五書　今別離　感事三首　寄懷左子興領事　送承伯純吏部東歸　歲暮懷人詩 ‧庚寅十月爲沈逋梅題梅鶴伴侶圖時同客英倫	‧清政府與英國互換《中英藏印條約》。 ‧張之洞創立漢陽製鐵局，又設漢陽槍炮廠。 ‧曾國荃卒（1824-1890）。	‧春，隨薛福成出使英國任駐英參贊。筆墨甚簡。 ‧《日本國志》付刊於廣州富文齋。 ‧自本年起，始自輯詩稿。 ‧改訂《日本雜事詩》爲定本2卷，共有詩二百首。
光緒17年 （辛卯） 1891	44	憶胡曉岑　春遊詞　鬱鬱　登巴黎鐵塔　蘇彝士河　九月十一夜渡蘇彝士河　舟泊波塞是夕大雨蓋六月不雨矣　夜登近海樓	‧俄軍侵入我國帕米爾地區。 ‧台北基隆間鐵道通車。 ‧康有爲由北京回廣州，講學於萬木草堂，並出版《新學僞經考》。 ‧郭嵩燾卒（1818-1891）。	‧6月，撰〈人境廬詩草自序〉。 ‧10月，抵新加坡，任總領事。 ‧12月，父雁賓公歿於家。
光緒18年 （壬辰） 1892	45	續懷人詩　新嘉坡雜詩	‧5月，清政府命令禁止排外刊物。 ‧頒布國籍法。 ‧頤和園重修完成。 ‧陳虯著《治平通議》。 ‧陳熾著《庸書》。 ‧陳廷焯卒（1853-1892），著有《白雨齋詞話》8卷。	
光緒19年 （癸巳） 1893	46	番客篇　寓章園養疴以蓮菊桃雜供一瓶作歌　眼前	‧中英訂立《藏印續約》，允許次年開西藏亞東爲通商口岸。 ‧廣州輔仁文社支社成立，孫中山建議改稱「興中會」。 ‧鄧輔綸卒（1828-1893），有《白香亭詩文	因患瘧久病，養病於章園。

			集》。	
光緒 20 年 （甲午） 1894	47	養疴雜詩　悲平壤 東溝行　哀旅順	·7 月，中日甲午戰爭爆發。 ·11 月，孫中山在檀香山創立興中會。 ·鄭觀應《盛世危言》出版。 ·譚嗣同作《三十自紀》。 ·薛福成卒（1838-1894），有《庸庵全集》。 ·李慈銘卒（1830-1894），有《越縵堂日記》等。	11 月，由新加坡解任回國。
光緒 21 年 （乙未） 1895	48	哭威海　偕葉損軒夜談　乙未二月二十七日公祭沈文肅公祠爲同年吳德瀟壽其母夫人　馬關紀事　晚渡江　降將軍歌　五月十三夜江行望月　台灣行　度遼將軍歌　閏月飲集鍾山　用寫經齋體送葉損軒之申江　立秋日訪易實甫遂偕遊秦淮 　又和實甫　元武湖歌和龍松岑 　諸君小飲和節庵韻 上海喜晤陳伯嚴　題黃佐廷贈尉遺像 ·乙未秋偕實甫同泛秦淮實甫出魂南北集囑題成此　損軒同年權上海同知賦詩見示依韻奉和　再題實甫魂南集　爲范肯堂題大橋遺照　寒食日遊莫愁湖　以桃蘭二花贈節庵承惠詩索和依韻	·1 月，丁汝昌自殺，北洋艦隊投降。 ·4 月，中日簽訂《馬關條約》。 ·5 月，康有爲在北京領導「公車上書」。 ·6 月，日軍侵佔台北，台灣人民展開武裝反抗。 ·8 月，康有爲在北京成立「強學會」，旋被禁。 ·三國干涉還遼。 ·「天足會」成立於上海。 ·興中會於廣州起事失敗，孫中山赴日本。 ·嚴復發表《闢韓》、《原強》等作品。	張之洞命遵憲主持江寧洋務局，辦理五省堆積之教案。

		奉答		
光緒 22 年 （丙申） 1896	49	贈梁任父同年　寄女 感懷呈樵野尙書丈即 用話別圖靈字韻　放 歌用前韻	·6 月，李鴻章簽訂《中 俄密約》。 ·7 月《時務報》創刊 於上海。 ·上海《蘇報》創刊。 ·「詩界革命」興起。 ·孫中山在倫敦蒙難， 脫險。 ·張之洞奏派二人赴日 本留學，是爲中國派留 學生赴日本之始。 ·譚嗣同撰成《仁學》。 ·嚴復譯成《天演論》。	·《馬關和約》， 許日本在蘇杭兩 州關租界，遵憲 奉命與日使珍田 會議，堅持治外 法權不與，而清 廷終懾於日抗議 而屈服，所擬之 約遂廢。 ·9 月，奉旨入觀。 ·10 月，授出使 德國大臣，以德 人有所脅，憤然 不赴。
光緒 23 年 （丁酉） 1897	50	題樵野丈運甓齋話別 圖　和沈子培同年 遊仙詞仍用沈乙庵韻 元朱碧山銀槎歌 　爲何翽高兵部題象 山圖　酬曾重伯編修 上黃鶴樓　上岳陽樓 　長沙弔賈誼宅	·德國強佔膠州灣。 ·10 月，梁啓超、譚嗣 同在長沙設立「時務學 堂」，各種鼓吹維新的報 刊、學會紛紛出現。 《湘報》、《湘學新報》 等創刊。 ·連橫（20 歲）在台灣 與友人創立「南社」。 ·嚴復、夏曾佑爲《國 聞報》寫的〈本館附印 說部緣起〉發表。 ·上海商務印書館成 立。 ·王韜卒（1828-1897）， 有《弢園文錄》等。	·始揭「新派詩」 之旗幟。 ·5 月，補湖南 長寶鹽法道。 ·6 月赴任，兼 署湖南按察使， 力助巡撫陳寶箴 行新政，其成就 爲當時各省之 冠，而後之謠諑 首禍亦始此。
光緒 24 年 （戊戌） 1898	51	書憤　放歸　支離 紀事　九月朔日啓程 由上海歸舟中作　到 家　感事　人境廬之 鄰有屋數間　寒夜獨 坐臥虹榭	·6 月，光緒帝下「定 國事詔」，決定變法維 新。9 月，慈禧太后發 動政變，戊戌變法宣告 失敗，六君子被殺，康、 梁逃往海外。 ·列強在中國畫分勢力 範圍，中國正面臨被瓜 分的危險。 ·八股取士，5 月廢止， 8 月旋又恢復。 ·京師大學堂創立。 ·《清議報》在日本創 刊，梁啓超發表〈譯印	·6 月，奉命以 三品京堂充出使 日本大臣，以病 未遽就道，7 月 到滬，8 月政變 作，幾受羅織， 旋放歸。 ·定本《日本雜 事詩》，用木版自 印於長沙富文 堂。

			政治小說序〉於該報。 ・譚嗣同卒（1865-1898），其作品後人合刊爲《譚嗣同全集》。	
光緒25年 （己亥） 1899	52	小飲息亭醉後作　仰天　雁　酬劉子巖同年　己亥雜詩　己亥續懷人詩　臘月二十四日詔立皇嗣感賦	・3月，山東義和團亂起，清廷命袁世凱爲山東巡撫，大力鎮壓。 ・9月，美國提出中國「門戶開放」照會，要求「利益均霑」。 ・安陽殷墟甲骨文發現。 ・梁啓超於日本設立「保皇會」總會。 ・章太炎的代表作《訄書》以木刻本刊行。 ・譚嗣同《仁學》在日本出版。 ・江標卒（1860-1899）。	在家講學，學生五人。
光緒26年 （庚子） 1900	53	庚子元旦　杜鵑　初聞京師義和團事感賦　寄懷丘仲閼感事又寄丘仲閼　述聞　七月十五夜暑甚看月達曉　南漢修慧寺千佛塔歌　五禽言再述　七月二十一日外國聯軍入犯京師聞車駕西狩感賦　有以守社稷爲言者口號示之　中秋夜月讀七月二十五日行在所罪己詔書泣賦諭勸義和團感賦　聞駐蹕太原　聞車駕又幸西安　久旱雨霽丘仲閼過訪飲人境廬再用前韻酬仲閼　三用前韻　四用前韻五用前韻　六用前韻七用前韻　八用前韻天津紀亂十二首京亂補述六首　京師三哀詩　和平里行和丘仲閼	・清廷懸賞十萬兩嚴緝康有爲等。 ・義和團亂事擴大，八國聯軍攻入北京，清帝后逃往西安。 ・唐才常「自立軍」起事，事洩被殺。 ・孫中山發動惠州起義失敗。 ・袁昶卒（1846-1900）。 ・馬建忠卒（1845-1900），有《馬氏文通》。	・閉門著書，不預世事。 ・冬，丘仲閼往訪人境廬，撫時感事，迭相唱和。

		‧香港訪潘史題其獨立圖		
光緒 27 年（辛丑）1901	54	聶將軍歌　夜起　群公　奉諭改於八月二十四日回鑾感賦　和議成誌感　啓鑾喜賦　車駕駐開封府　李肅毅侯挽詩	‧8 月，清廷明令變通科舉章程，廢八股，並將全國書院改爲學堂。 ‧9月，《辛丑條約》簽訂。 ‧清廷將總理衙門改爲「外務部」。 ‧清廷下令滿漢通婚，並勸諭女子勿再纏足。 ‧嚴復譯《原富》出版。 ‧林紓譯《黑奴籲天錄》，木刻本刊行。 ‧李鴻章卒（1823-1901）。	在家修家譜。
光緒 28 年（壬寅）1902	55	‧出軍歌　軍中歌　旋軍歌　幼稚園上學歌　小學校學生相和歌	‧6 月，《大公報》創刊於天津。 ‧嚴復譯《群學肄言》、《法意》先後出版。 ‧梁啓超創辦《新民叢報》於日本，並開始發表《飲冰室詩話》。 ‧《新小說》月刊創刊於日本，並發表〈論小說與群治之關係〉、《新中國未來記》。 ‧慈禧、光緒帝由西安返抵北京。 ‧吳大澂卒（1835-1902）。	‧寫定《人境廬詩草》，以〈李肅毅侯挽詩〉爲終篇。 ‧與梁啓超書信往來密切。
光緒 29 年（癸卯）1903	56	寄題陳氏崝廬	‧4 月，上海各界召開拒俄大會。 ‧8 月，章士釗、陳去病創刊《國民日日報》於上海。 ‧蔡元培、劉師培等創刊《俄事警聞》，次年改名爲《警鐘日報》。 ‧《繡像小說》創刊，李伯元主編。 ‧「譴責小說」出現創作熱潮。 ‧「蘇報案」發生，章太	邀集地方人士設立嘉應興學會議所，並籌辦東山初級師範學堂。

			炎被捕，鄒容自首入獄。 ·鄒容《革命軍》出版。 ·吳汝綸卒（1840-1903），結束了桐城派古文對文壇的統治。	
光緒30年 （甲辰） 1904	57	病中紀夢述寄梁任父	·日俄戰爭爆發，清廷宣布「中立」。 ·3月，商務印書館《東方雜誌》創刊。 ·「華興會」長沙起義失敗。 ·王國維完成《紅樓夢評論》並發表。 ·文廷式（1856-1904）、范當世（1854-1904）、翁同龢（1830-1904）卒。	冬有〈病中紀夢述寄梁任父〉詩，此殆詩中絕筆矣。 ·《人境廬詩草》，原以〈李肅毅侯挽詩〉爲終篇，其〈寄題陳氏崝廬〉及〈病中紀夢述寄梁任父〉二詩，乃由甫所補入。
光緒31年 （乙巳） 1905	58		·清廷正式廢止科舉制度，擴充學堂。 ·5月，反華工禁約運動發生。 ·8月，中國同盟會在日本東京成立，推選孫中山爲總理。11月《民報》創刊。 ·9月，日俄戰爭結束，俄敗，遼東半島的租借權轉讓給日本。 ·革命黨與保皇黨開始展開國體論戰。 ·鄧實、劉師培等創辦《國粹學報》於上海。 ·鄒容卒（1885-1905）於上海。 ·陳天華卒（1875-1905）。	3月以肺疾卒於家。

附錄二

李瑞騰序

　　堂錡在我讀完博士的兩年後來找我，請我擔任他碩士論文的指導教授，他想研究的正是我在博士論文《晚清文學思想之研究》中頗為看重的黃遵憲。那時，他在台灣師大國文系讀碩士，我對他並不熟悉，隱約知道他也愛寫作，有小說和散文的集子，並且也幫出版社編書，這樣的背景，彷彿讓我看到了更年輕時熱愛文學的自己；我想到當年第一次去看黃永武老師，請他答應指導我寫論文的情景。

　　我怎能拒絕這樣一個優秀的青年，不過，在歡喜中我懷著敬謹之心來面對這樣的一件事，畢竟這是我第一次指導碩士生，而且不是本校生（淡江），也不是在母校（文化）教過的學生。

　　堂錡用功而且自信，他無疑已具獨立研究的能力，思考也相當縝密，尤其可貴的是他的文筆非常流暢。然而寫論文和小說散文之創作究竟還是不一樣，在這方面我對自己的要求一向很嚴，

堂錡在論文實際寫作過程中想必吃了不少苦，但他似乎很能體會鍛鍊之必要，終於能漸入佳境，完成極受好評的《黃遵憲及其詩研究》（1990）。

為了全面探索像黃遵憲這樣的一個重要詩人，堂錡進入了晚清，或者說中國近代文學史的領域，這對他往後的編輯（《中央日報》長河版）及研究（近、現代文學）工作提供了厚實的基礎，基於職責跟興趣，他也做了不少海內外學術名家的深度訪談，長期處在這樣的文化情境之中，堂錡視野更寬，思考也更加活潑多元了。

他想攻讀博士，我建議他做「南社」研究，這個晚清的革命文藝團體之形成及其流動變化，乃至於內部權力結構之消長，絕對是近現代文學史的重大課題。堂錡做了一個研究計畫，裡面資料之豐富讓我眼睛為之一亮。進了東吳中文博士班，他在繁忙的編務之外，搞資料、做研究，像個拼命三郎，他沒丟掉黃遵憲，持續寫了幾篇扎實的論文；「南社」的資料累積一多，他寫了兩篇從文學傳播角度的觀察：分析《南社叢刊》和《新南社社刊》；對於胡適的新詩理論，周作人與個人主義的關係，他都找到切入的角度。

這就表示，堂錡的研究領域已從晚清跨進民國，從近代走入現代。比較值得注意的事，他對「白馬湖作家群」產生了很大的興趣，這個位於浙江上虞縣，在新文學史上可以被視為文學研究會「次團」的特殊「文人圈」，是一個深具文化品味與教育理想的社群。堂錡已經去過一趟歷史現場，蒐集不少一手材料，他決定暫時放下「南社」的探索，改以「白馬湖」為研討對象，做為一個文學研究者，他的這個「改變」充滿自主性，我當然樂觀其成，

初步提供了文化生態學與文學社會學兩個角度給他做參考，我確信他能在這方面做出一些可觀的成績。

從黃遵憲到白馬湖，具體呈現了堂錡在學術旅程上的進展狀況；從「碩士」到「博士」，堂錡正攀爬向一座知識的山峰，「會當凌絕頂，一覽眾山小」，鋪陳在堂錡眼前將是人間絕美的湖光山色。

原　序

　　近現代文學是我這幾年關心的學術領域。自碩士論文《黃遵憲及其詩研究》完成後，我試圖將時間往現代拉近，開始留意起跨越清末民初的革命文學社團「南社」。由於編務的關係，在我負責的《中央日報》「長河版」上，刊載了大量二、三〇年代的相關文章，沈浸既久，對現代文學的興趣日漸濃厚。這就構成了我個人偏好的研究趣味，也因此有了這本書中的幾篇文章。

　　對於黃遵憲的研究，其實一直持續著，有關的資料不斷搜集，只是少於動筆而已。去年八月間赴蘇州，見到了仰慕已久、爲黃詩作箋註的錢仲聯教授，彼此相談甚歡，更覺有其進一步探索之必要，但願他日能夠。

　　至於南社，零星的小文章寫了一些，論文則只有書中這兩篇。原本是想全力研究以作博士論文，但在考量下仍暫時擱置，不過，它將是我以後學術關懷的一大領域則無疑問。這一、二年來，承蒙蘇州大學中文系范伯群、欒梅健教授等人的協助，爲我搜羅不

少珍貴的資料，加上國際南社學會楊玉峰等人的提供叢書，深感南社研究的重要性及其價值，其深廣的內涵確實是值得一生投入的。

初入博士班就讀時，目前執教於美國普林斯頓大學的周質平教授返國任台大史丹福中心主任，並在東吳大學客座一年，我有幸選修其近代思想史課程，每回上課都深覺啓益良多。可以說，他對我提筆寫研究文章有極重要的影響。書中所收〈論黃遵憲與胡適的詩歌改革態度〉、〈周作人與個人主義〉二文，就是這門課學習下的產物。他對以胡適為中心的近代思想、文學史的分析與講解，至今仍不時縈繞我心，他使我感受到學問的趣味，而在他的肯定中，我也強化了繼續摸索前進的信心。

有關白馬湖的研究興趣產生得比較晚，但卻是一發不可收拾，尤其是親自走了一趟白馬湖、閱讀這批可愛作家的作品後，讓我終於下定決心以此課題為研究重心。我是幸運的，浙江杭州師院學報副主編陳星全力支持我，他是大陸極少數研究白馬湖的專家，有他不斷的提供資料，我減省了很多無謂的氣力，本書中有關白馬湖的文章正是得自於他的一些啓發。書名所定的「白馬湖」，指的是白馬湖作家群，因其已在現代散文史上成為一個象徵性的文學標誌，因此只以「白馬湖」代稱，這是必須說明的。

感謝長期以來對我治學與工作關心、指導的李瑞騰老師，以及正中書局對年輕後學的鼓勵，尤其是蔡文怡副總編輯的玉成。在近現代文學領域中，正因有這許許多多人的支持，我的持續耕耘將不會停止。

1996 年夏寫於蘆洲